POLYGLOTT

Berlin

zu Fuß entdecken

Gehen Sie zu Fuß auf Entdeckertour und erkunden Sie Ihre Lieblingsstadt mit all ihren Facetten und verborgenen Winkeln. Jede Tour führt Sie in eine andere Gegend, lässt Sie überraschende Eindrücke sammeln und Altbekanntes neu genießen.

Zeichenerklärung:

Wann

Sie sind viel im Freien unterwegs – am schönsten bei Sonnenschein

Überwiegend im Inneren – macht auch bei Regen Spaß

Am schönsten in der Abenddämmerung und danach

Dauer · Distanz

kurz Ein Spaziergang mit schönen und interessanten Orten zum Verweilen

mittel Mittellanger Fußweg und Sehenswürdigkeiten, die einen langen Aufenthalt lohnen

lang Langer Fußweg mit vielen Stationen, für die Sie sich viel Zeit nehmen sollten

Farbsystem:

Zentrum

Norden

Osten

Süden

Westen

Herausragende Sehenswürdigkeiten sind mit * gekennzeichnet. Die Touren leiten von einer Station des öffentlichen Nahverkehrs (M, U S, Busse, Straßenbahn) zu einer anderen – Parkplatzsuche überflüssig.

Unsere besten city-Tipps:

Hotels **Seite 128**

ackselhaus BERLIN • Adlon Kempinski • Die Fabrik • Grand Hyatt Berlin • Honigmond Garden Hotel • Hotel de Rome • Mövenpick Hotel Berlin • Hotel Riehmers Hofgarten • Schlosshotel im Grunewald • The Westin Grand

Restaurants **Seite 132**

Café-Restaurant »Wintergarten« • Das Meisterstück • Defne • Enoiteca Il Calice • Henne • Horvath • Lutter & Wegner Remise im Schloss Glienicke • Pauly Saal • Refugium • Restaurant 44 im Swissôtel • Schlossrestaurant Cecilienhof • Schneeweiß • Típica • Weinstein • Zitadellen Schänke

Shopping **Seite 138**

Ampelmann-Shop • Aufbau Haus • Berlin Story • Blindenanstalt Berlin • Dussmann • Fassbender & Rausch • Flagshipstore Oderberger • Friendly Society Berlin • Galeries Lafayette & Quartier 206 • Galerie Spandow • Grober Unfug • KaDeWe • Museumsshop • Potsdamer Platz Arkaden

Nightlife **Seite 144**

Adagio • Bar am Lützowplatz • Clärchens Ballhaus • Lido-Berlin • Puro Sky Lounge • Quasimodo • SO36 • Spindler & Klatt • Strandbar Mitte • Watergate • 40 seconds

Preiskategorien im Überblick:

Hotel (Doppelzimmer):

❍❍❍	ab 200 €
❍❍	bis 200 €
❍	bis 100 €

Restaurant (Hauptgericht):

❍❍❍	ab 20 €
❍❍	bis 20 €
❍	bis 10 €

kurz

Rin' in die gute Stube

Pariser Platz → *Brandenburger Tor → Bebelplatz → Staatsoper → Zeughaus → Deutsches Historisches Museum → Schlossplatz

1,5 Kilometer, die es in sich haben: Berlins berühmter Boulevard ist zwar wegen des U-Bahn-Baus streckenweise Baustelle, doch macht ein Spaziergang mit wichtigen historischen Etappen vertraut. Das preußische Zeitalter steht dabei im Mittelpunkt.

Start: **Ⓢ/Ⓤ Brandenburger Tor (Bus 100, S/U-Bahn)**
Ziel: **Schlossplatz (Bus 100, 200, TXL)**
Wann: **bei trockenem Wetter**

Berlins gute Stube ist der **Pariser Platz ❶**. Das Wahrzeichen der wiedervereinigten Stadt – das ***Brandenburger Tor** – erhebt sich an der Westseite, gerahmt von repräsentativen Bauten, alle in Anlehnung an historische Vorbilder nach dem Mauerfall errichtet. Neben dem Tor steht an der Stelle, an der der Maler wohnte, das **Max-Liebermann-Haus.** Es folgen auf der Nordseite das Restaurant Tucher am Tor mit Leselounge (OO), das Allianz Forum Berlin, Sitz der Allianz Kulturstiftung, die auch zu öffentlichen Veranstaltungen einlädt, und die Französische Botschaft.

Brandenburger Tor

Neben der US-amerikanischen Botschaft auf der Südwestseite liegt das Verwaltungsgebäude der **DZ-Bank** von Frank O. Gehry, in dessen spektakuläres Atrium man einen Blick werfen sollte. Durch die benachbarte **Akademie der Künste** (wechselnde Ausstellungen, kleines Café) führt eine Passage zur Behrenstraße und zum Holocaust-Mahnmal. Das wieder aufgebaute legendäre Hotel **Adlon Kempinski** ❷ (s. Hotels, S. 129) glänzt in alter Pracht. In der Wilhelmstraße macht die **Britische Botschaft** farbig auf sich aufmerksam.

Atrium der DZ-Bank

Diese Kreuzung ist Auftakt der Allee **Unter den Linden,** ursprünglich ein Reitweg vom Hohenzollernschloss in das Jagdrevier Tiergarten. 1647 ließ der Große Kurfürst die ersten Lindenbäume pflanzen. Auf dem Mittelstreifen lässt es sich angenehm flanieren, Straßencafés sind nie weit. Rechts breitet sich die imposante **Russische Botschaft** ❸ aus, links geht die Schadowstraße ab. Das 200 Jahre alte klassizistische **Haus Nr. 10/11** ❹ bewohnte der Bildhauer Johann Gottfried Schadow. Wieder Unter den Linden findet man alles, was man über Berlin nachlesen will, bei **Berlin Story** (s. Shopping, S. 139). Die Friedrichstraße ist einen eigenen Spaziergang wert (s. Tour 5, S. 24).

An der Charlottenstraße im Gebäude der Deutschen Bank präsentiert die **Deutsche Bank KunstHalle** ❺ internationale junge Künstler und Ausstellungen aus der eigenen Sammlung. Die linke Straßenseite wird bis zur Universitätsstraße beherrscht von der **Staatsbibliothek** ❻ (1903–14) mit ihrem reizvollen Innenhof. Von hier an geben sich »Die Linden« friderizianisch. Friedrich der Große reitet in der Mitte auf dem **Standbild** ❼ von Daniel Rauch. Die **Humboldt-Universität** belegt die Räume des früheren Prinz-Heinrich-Palais. Der **Bebelplatz** ❽ zwischen der Alten Bibliothek, wegen ihrer geschwungenen Form »Kommode« genannt, und der Staatsoper war 1933 Schauplatz der Bücherverbrennung. Leere Bücherregale unter einem Glasfenster im Boden erinnern an diesen barbarischen Akt. Im Süden wird der Platz vom luxuriösen **Hotel De Rome** (s. Hotels, S. 130) abgeschlossen, einst Stammsitz der Dresdner Bank. Daneben zeugt die katholische **Hedwigskathedrale** von der sprichwörtlichen Toleranz im protestantischen Preußen.

Schmuckstück ist die **Staatsoper Unter den Linden ❾**, 1742 eröffnet und nach dem Zweiten Weltkrieg wieder aufgebaut (wegen Sanierung und Modernisierung bis 2014 geschl.).

Schräg gegenüber liegt das Kastanienwäldchen mit **Schinkels Alter Wache ❿**, heute Gedenkstätte, an dessen nördlichem Ende sich das Palais am Festungsgraben und das Maxim-Gorki-Theater verbergen. Rechts daneben fasziniert das gläserne Treppenhaus, der Eingang zum **Pei-Bau ⓫**, den sich das **Deutsche Historische Museum (DHM)** von Stararchitekt Ieoh Ming Pei für Wechselausstellungen errichten ließ. Im Hauptgebäude, dem barocken **Zeughaus ⓬**, lädt das DHM zu einem Gang durch 2000 Jahre deutsche Geschichte ein.

Pei-Bau

Die **Schlossbrücke** ist wie die **Friedrichswerdersche Kirche ⓭** und die Bauakademie davor ein Werk Karl Friedrich Schinkels. Sie führt direkt zum **Schlossplatz ⓮**. Über seine wechselvolle Geschichte und die Bebauung, vom Schloss der Hohenzollern über den Palast der Republik bis zum künftigen Humboldt-Forum, informiert die **Humboldt-Box** mit Aussichtsplattform.

Touren im Anschluss: 2, 3

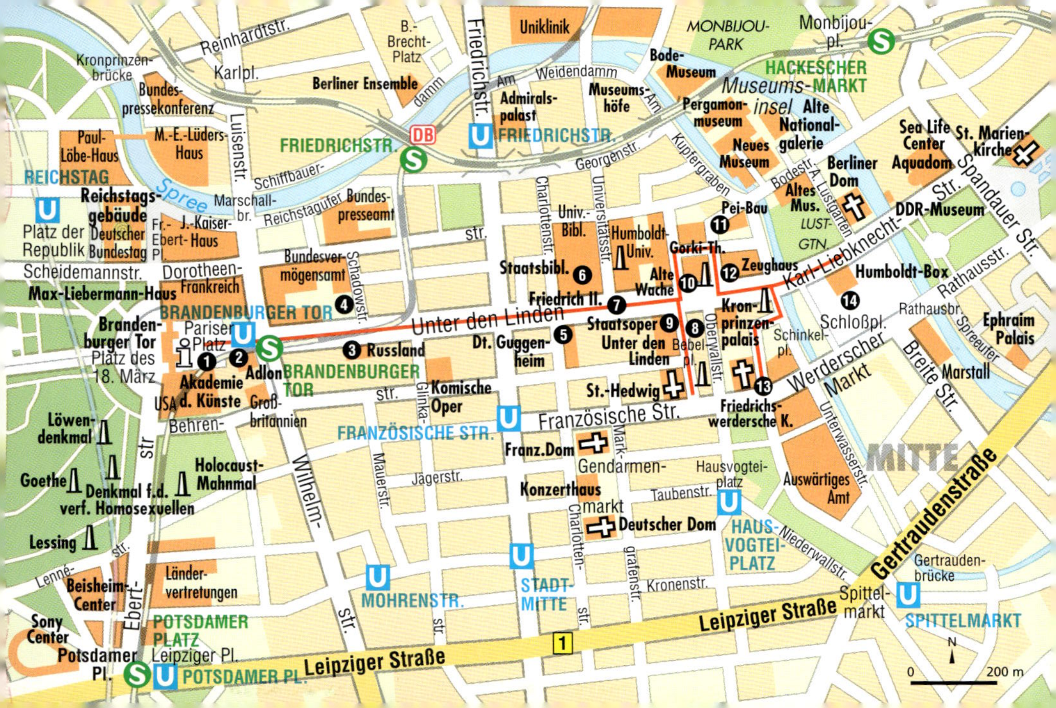
Reinhardtstr.
Kronprinzenbrücke
Karlpl.
B.-Brecht-Platz
Berliner Ensemble
Friedrichstr.
Uniklinik
MONBIJOU-PARK
Monbijoupl.
Bode-Museum
HACKESCHER MARKT
Museumsinsel
Am Weidendamm
Admiralspalast
Museumshöfe
Pergamonmuseum
Alte Nationalgalerie
Sea Life Center
Aquadom
St. Marienkirche
Bundespressekonferenz
Paul-Löbe-Haus
M.-E.-Lüders-Haus
Luisenstr.
FRIEDRICHSTR.
DB
Schiffbauerdamm
Georgenstr.
Kupfergraben
Neues Museum
Berliner Dom
Spandauer Str.
REICHSTAG
Spree
Reichstagsgebäude
Marschallbr.
Reichstagufer
Bundespresseamt
Charlottenstr.
Universitätsstr.
Univ.-Bibl.
Humboldt-Univ.
Bodestr.
Am Lustgarten
Altes Mus.
LUSTGTN.
DDR-Museum
Pei-Bau
Platz der Republik
Deutscher Bundestag
Fr.-Ebert-Pl.
J.-Kaiser-Haus
Bundesvermögensamt
Schadowstr.
Staatsbibl.
Gorki-Th.
Zeughaus
Karl-Liebknecht-Str.
Humboldt-Box
Rathausstr.
Scheidemannstr.
Dorotheenstr.
Frankreich
Max-Liebermann-Haus
BRANDENBURGER TOR
Alte Wache
Friedrich II.
Kronprinzenpalais
Unter den Linden
Schloßpl.
Rathausbr.
Spreeufer
Ephraim Palais
Brandenburger Tor
Pariser Platz
Platz des 18. März
Russland
Dt. Guggenheim
Staatsoper Unter den Linden
Bebelpl.
Oberwallstr.
Schinkelpl.
Werderscher Markt
Breite Str.
Marstall
Akademie d. Künste
Adlon
USA
Großbritannien
BRANDENBURGER TOR
Glinkastr.
Komische Oper
St.-Hedwig
Friedrichswerdersche K.
Behrenstr.
Löwendenkmal
Französische Str.
FRANZÖSISCHE STR.
Unterwasserstr.
Franz.Dom
Markgrafenstr.
Gendarmenmarkt
Holocaust-Mahnmal
Wilhelmstr.
Mauerstr.
Jägerstr.
Hausvogteiplatz
Auswärtiges Amt
MITTE
Goethe
Denkmal f.d. verf. Homosexuellen
Konzerthaus
Taubenstr.
Gertraudenstraße
Deutscher Dom
HAUSVOGTEIPLATZ
Niederwallstr.
Lessing
Lennéstr.
Länder-vertretungen
MOHRENSTR.
STADTMITTE
Kronenstr.
Gertraudenbrücke
Beisheim-Center
Ebertstr.
Spittelmarkt
SPITTELMARKT
Sony Center
POTSDAMER PLATZ
Leipziger Pl.
Leipziger Straße
Potsdamer Pl.
POTSDAMER PL.
N
0
200 m

kurz

Rund um die *Museumsinsel

Schlossplatz → Lustgarten → *Berliner Dom → Altes Museum → Alte Nationalgalerie → Neues Museum → Pergamonmuseum → Bode-Museum → Monbijou-Park → Hackescher Markt

Der Weg ist kurz, dafür kann der Aufenthalt umso länger ausfallen: Die Sammlungen der fünf Museumshäuser reichen von archäologischen Schätzen bis zur Kunst des 19. Jhs. Zum Ausklang lockt der Szenetreff rund um den Hackeschen Markt.

Start: **Schlossplatz/Lustgarten (Bus 100, 200, TXL)**
Ziel: **Ⓢ Hackescher Markt (S 5, 7, 75), Ⓤ Weinmeisterstraße (U 8)**
Wann: **jederzeit, Do und Sa Wochenmarkt auf dem Hackeschen Markt**

Auf ins Museum: Wer Durchhaltevermögen hat, kann den ganzen Tag auf der Museumsinsel verbringen, die zum UNESCO-Welterbe gehört. Täglich haben das Neue Museum und das Pergamonmuseum geöffnet; die anderen sind montags geschlossen. Alle Museen auf der Insel heißen die Besucher donnerstags bis 20 Uhr willkommen.

Berliner Dom

Die Museumsinsel nimmt nur den nordwestlichen Teil der Spreeinsel ein, die südöstlich der Gertraudenstraße endet (s. Tour 3, S. 16).

Ausgangspunkt zu diesem Rundgang ist der **Lustgarten ❶**. Die Ostseite dominiert der monumentale ***Berliner Dom ❷**, der auf Wunsch Kaiser Wilhelms II. zum Paradebeispiel des prunkvoll überladenen »Wilhelminismus« wurde. Das Gotteshaus ist auch Konzertsaal und Museum. Sehenswert sind vor allem das Kaiserliche Treppenhaus, die Große Sauerorgel, die Hohenzollerngruft und die Mosaiken in der Kuppel, die erst vor wenigen Jahren in mühsamer Puzzlearbeit rekonstruiert wurden. Der Aufstieg in der Kuppel zur Aussichtsplattform ist möglich, die Sicht grandios.

Wasserspiele, Bänke und eine Liegewiese laden zum Verweilen im Lustgarten ein, den ursprünglich Karl Friedrich Schinkel gestaltet hatte. Er war auch Architekt des **Alten Museums ❸**. Das klassizistische Gebäude gibt heute mit Schätzen griechischer, römischer und etruskischer Kunst Einblicke in »Antike Welten«.

Die an einen griechischen Tempel erinnernde **Alte Nationalgalerie ❹** bewahrt eine einzigartige Sammlung an Gemälden und Skulpturen des 19. Jhs. mit Meisterwerken von Caspar David Friedrich, Adolph Menzel, Max Liebermann, Schadow und Schinkel oder französischer Impressionisten wie Monet, Degas, Renoir. Der Platz zwischen Kolonnaden und dem Reiterstandbild Friedrich Wilhelms IV. wurde als zauberhafter Gartenhof nach historischem Vorbild neu gestaltet.

Das wiederaufgebaute **Neue Museum,** eine grandios geglückte Verbindung alter Bausubstanz mit neuen Materialien, beherbergt das Ägyptische Museum mit Nofretete als Highlight sowie das Museum für Vor- und Frühgeschichte und Objekte der Antikensammlung (Besichtigung nur mit Zeitfenster-Ticket). Der Weg führt am Kupfergraben entlang und über eine Brücke zum

Pergamonmuseum

*__Pergamonmuseum__ ❺. Hauptattraktionen der archäologischen Sammlungen sind der 2200 Jahre alte Pergamonaltar und das Ischtar-Tor aus 20 000 blau glasierten Ziegeln am Ende der prächtigen Prozessionsstraße von Babylon. Außerdem zeigt hier das Museum für Islamische Kunst Kostbarkeiten der islamischen Völker vom 8. bis ins 19. Jh. Das ***Bode-Museum** ❻ am nördlichen Ende der Museumsinsel zieht mit einer glanzvollen Präsentation der Skulpturensammlung, der Byzantinischen Kunst und herausragenden Schätzen im Münzkabinett die Besucher an.

Die Fußgängerbrücke über die Spree endet im **Monbijou-Park** ❼. Im Sommer sind die Liegestühle der **Strandbar Mitte** heiß begehrt (s. Nightlife, S. 147). Im Open-Air-Amphitheater nebenan bringt das Hexenkessel Hoftheater Komödienklassiker in rasanten Neuinszenierungen auf die Bretterbühne. Im Park gibt es noch Liegewiesen, Spielplätze und ein Kinderbad. In den S-Bahn-Bögen, die den Park durchziehen, haben sich Kneipen und Läden angesiedelt. Noch größer ist die Restaurant-, Bar- und Kneipendichte zwischen **Hackeschem Markt** ❽ und **Hackeschen Höfen** (s. Tour 4, S. 20). Die Gegend ist nicht nur am Abend Szenetreff, auch tagsüber locken Cafés und Restaurants – weniger touristisch das **Típica** in der Nähe (s. Restaurants, S. 137) – sowie eine Vielzahl an Galerien und Läden mit ausgefallenen Modeideen. Der Wochenmarkt auf dem Hackeschen Markt ist Do und Sa 9–18 Uhr.

Monbijou-Park

Touren im Anschluss: 3, 4

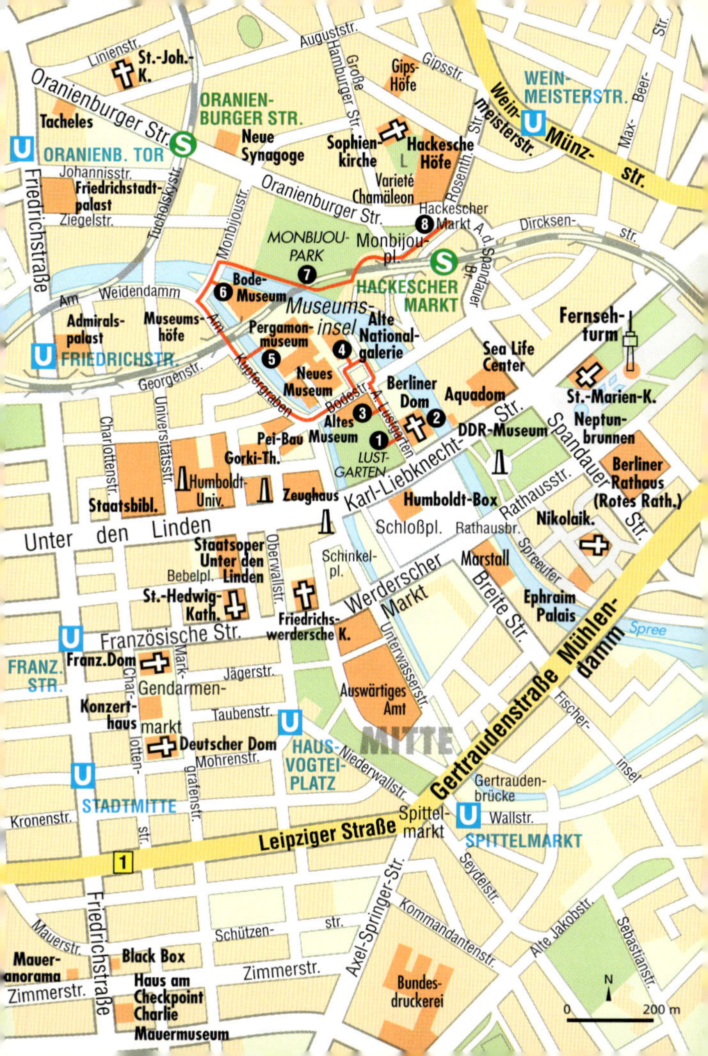
Linienstr.
St.-Joh.-K.
Oranienburger Str.
Tacheles
ORANIEN-BURGER STR.
ORANIENB. TOR
Neue Synagoge
Auguststr.
Große Hamburger Str.
Gips-Höfe
Gipsstr.
Sophien-kirche
Hackesche Höfe
WEIN-MEISTERSTR.
Wein-meisterstr.
Münz-str.
Max-Beer-Str.
Johannisstr.
Friedrichstadt-palast
Ziegelstr.
Tucholskystr.
Monbijoustr.
Oranienburger Str.
Varieté Chamäleon
Rosenth. Str.
Hackescher Markt
Dircksen-str.
MONBIJOU-PARK
Monbijou-pl.
A. d. Spandauer Br.
HACKESCHER MARKT
Friedrichstraße
Am Weidendamm
Bode-Museum
Museums-insel
Admirals-palast
Museums-höfe
Am Kupfergraben
Pergamon-museum
Alte National-galerie
Fernseh-turm
Sea Life Center
FRIEDRICHSTR.
Georgenstr.
Neues Museum
Berliner Dom
Aquadom
St.-Marien-K.
Bodestr.
Am Lustgarten
Altes Museum
DDR-Museum
Neptun-brunnen
Charlottenstr.
Universitätsstr.
Pei-Bau
LUST-GARTEN
Karl-Liebknecht-Str.
Spandauer Str.
Gorki-Th.
Berliner Rathaus (Rotes Rath.)
Humboldt-Univ.
Zeughaus
Staatsbibl.
Humboldt-Box
Rathausstr.
Nikolaik.
Schloßpl.
Rathausbr.
Unter den Linden
Staatsoper Unter den Linden
Oberwallstr.
Schinkel-pl.
Marstall
Spreeufer
Bebelpl.
Werderscher Markt
Breite Str.
St.-Hedwig-Kath.
Ephraim Palais
Friedrichs-werdersche K.
Spree
Französische Str.
Unterwasserstr.
Mühlen-damm
FRANZ. STR.
Franz.Dom
Mark-grafenstr.
Jägerstr.
Gendarmen-markt
Auswärtiges Amt
Gertraudenstraße
Konzert-haus
Char-lotten-str.
Taubenstr.
Fischer-insel
Deutscher Dom
HAUS-VOGTEI-PLATZ
MITTE
Mohrenstr.
Niederwallstr.
Gertrauden-brücke
STADTMITTE
Spittel-markt
Wallstr.
Kronenstr.
SPITTELMARKT
Leipziger Straße
1
Seydelstr.
Axel-Springer-Str.
Kommandantenstr.
Alte Jakobstr.
Sebastianstr.
Schützen-str.
Mauerstr.
Friedrichstraße
Mauer-panorama
Black Box
Zimmerstr.
Zimmerstr.
Haus am Checkpoint Charlie Mauermuseum
Bundes-druckerei
N
0
200 m

kurz

Die Wiege Berlins

Rotes Rathaus → Marx-Engels-Forum → *Nikolai-Viertel → Mühlendammschleuse → Fischerinsel → Märkisches Ufer → Historischer Hafen → Märkisches Museum

Der kurze Spaziergang vom Nikolai-Viertel, dem ursprünglichen Berlin, zur Fischerinsel, dem einstigen Cölln, wird zu einem Streifzug durch mehr als 775 Jahre Geschichte. Im Märkischen Museum kann die Spurensuche vertieft werden.

Start: **Ⓢ/Ⓤ/Tram Berliner Rathaus, Ⓢ/Ⓤ/Tram/Bus Alexanderplatz (S 5, 7, 75; U 2, 5, 8; Tram M 4, 5, 6; Bus M 48, 100, 200, TXL)**

Ziel: **Ⓤ Märkisches Museum (U 2)**

Wann: **bei schönem Wetter; Museumsbesuche auch bei Regen**

Berlin und Cölln hießen die Schwesternsiedlungen auf beiden Seiten der Spree, die sich 1307 vereinigten. Cölln besitzt die ältere Urkunde (1237) und bestimmte damit das Gründungsjahr der Stadt, die heute vom **Berliner Rathaus** ❶ aus regiert wird. Wegen der roten Ziegel wird der Amtssitz des Regierenden Bürgermeisters auch Rotes Rathaus (1861–69) genannt. Vor dem Rathaus haben Archäologen ein Stück Mittelalter freigelegt, das künftig im neuen U-Bahnhof durch archäologische Fenster zu sehen sein soll. Jenseits der Spandauer Straße bewahrt das **Marx-**

Rotes Rathaus

Engels-Forum ❷ eines der letzten Denkmäler aus DDR-Zeiten. Karl Marx und Friedrich Engels, beide überlebensgroß in Bronze gegossen, blicken über die Spree zum Schlossplatz, wo einst der Palast der Republik stand und ab 2013 das Humboldtforum entstehen soll. (Die Humboldt-Box gibt Auskunft über Geschichte, Nutzung und Zukunft des Areals.)

Am Spreeufer gegenüber dem Dom hält das **DDR-Museum** auf unterhaltsam-informative Weise die Erinnerung an den ganz normalen Ost-Alltag wach. Südöstlich der Rathausstraße beginnt das in den 1980er-Jahren neu errichtete ***Nikolai-Viertel** mit Souvenirgeschäften und Restaurants, von der deftigen Berliner Küche bei **Mutter Hoppe** (Rathausstraße 21, ❍) oder **Julchen Hoppe** (Nr. 25, ❍) bis zum edlen **Reinhard's** (Poststraße 28, ❍❍) im 1920er-Jahre-Look. Das urige Alt-Berliner Restaurant **Gerichtslaube** ein paar Schritte weiter (auch Nr. 28, ❍) ist die Kopie der Gerichtslaube am Alten Berliner Rathaus. Ebenso eine Rekonstruktion ist das Gasthaus **Zum Nußbaum** (Am Nußbaum 3, ❍), in dem einst der Berliner Milljöh-Maler Heinrich Zille verkehrte. »Zille sein Milljöh« wird im **Theater im Nikolai-Viertel** besungen (Nikolaikirchplatz 5–7; Fr, Sa 19.30 Uhr).

Auf den originalen Feldsteingrundmauern von 1230 wieder aufgebaut wurde die **Nikolaikirche** ❸, einschließlich der im 19. Jh. angefügten Türme. Die Dauerausstellung »Vom Baugrund bis zur Doppelspitze« erzählt mit originalen Exponaten und modernen Medien Geschichte(n) aus 800 Jahren. An die Stadtgründung (offiziell: 1237) erinnern der Wappenbrunnen und eine Gedenkplatte des Berliner Stadtsiegels vor der Kirche.

Blick auf die Nikolaikirche

Einblick in die Wohnkultur des Biedermeier gibt das **Knoblauch-Haus** ❹ von 1759, das einzige Original-Bauwerk im Nikolai-Viertel; im Untergeschoss lädt die **Historische Weinstube** ab mittags ein. Durch die Propststraße – Nr. 11 beherbergt das **Zille-Museum** – erreicht man das Spreeufer mit der Skulptur des Heiligen Georg als Drachentöter, die einst vor dem Berliner Stadtschloss stand. Gleich daneben kann man im **Georgenbräu** (❍) das klassische Berliner Duo Molle und Korn probieren.

Die gegenüberliegende Spreeseite dominiert der ehemalige **Marstall,** heute Musikhochschule. Dem Spreeufer folgend, gelangt man zum **Ephraim-Palais** ❺. Der repräsentative Rokoko-Palast zeigt Ausstellungen des Stadtmuseums Berlin.

Schleuse

Wir überqueren den Mühlendamm, blicken auf die **Mühlendammschleuse** ❻ und gehen eine Treppe hinunter an das südliche Ende der alten **Fischerinsel** mit Hochhäusern der 1970er-Jahre. An der Grünstraßenbrücke geht es über den Spreekanal, dann links in die **Wallstraße** mit restaurierten Geschäftshäusern der Gründerzeit. An der Fischerinselbrücke erreicht man das **Märkische Ufer.** Hier ist das **Ermelerhaus** ❼ (Nr. 10) als klassizistisches Schmuckstück zu beachten, in dem das moderne Restaurant **Factory** (❍❍) bewusst Kontraste setzt, ebenso das damit verbundene **Art'otel Berlin Mitte.** Lastkähne und Schlepper liegen im **Historischen Hafen** ❽ vor Anker und dienen als Kneipen- bzw. Museumsschiff. Das **Märkische Museum** ❾ erzählt die Geschichte Berlins in vielen Kapiteln. Besonders sehenswert ist das große Stadtmodell: Berlin wie es einmal war.

Tour im Anschluss: Nr. 13

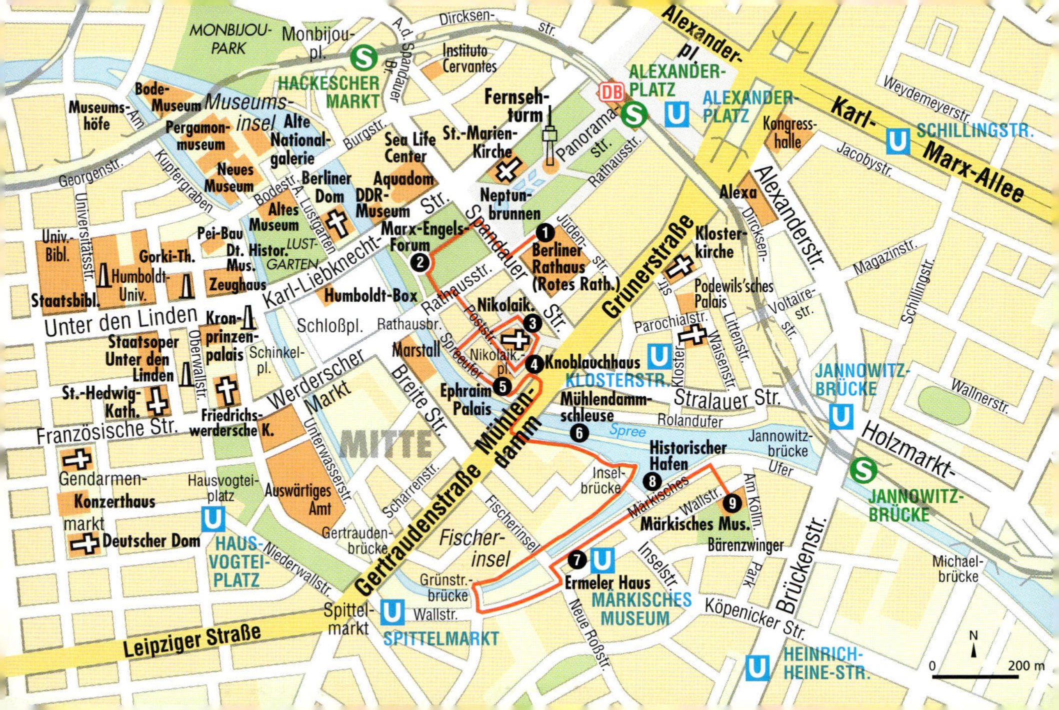
MONBIJOU-PARK
Monbijou-pl.
HACKESCHER MARKT
A.d. Spandauer Br.
Dircksen-str.
Instituto Cervantes
Fernsehturm
ALEXANDER-PLATZ
Alexander-pl.
Karl-Marx-Allee
Weydemeyerstr.
SCHILLINGSTR.
Kongress-halle
Jacobystr.
Museums-höfe
Bode-Museum
Museumsinsel
Pergamon-museum
Alte National-galerie
Neues Museum
Burgstr.
Sea Life Center
St.-Marien-Kirche
Panorama-str.
Rathausstr.
Georgenstr.
Kupfergraben
Bodestr.
Berliner Dom
Aquadom
DDR-Museum
Neptun-brunnen
Alexa
Alexanderstr.
Universitätsstr.
Univ.-Bibl.
Pei-Bau
Altes Museum
A. Lustgarten
LUSTGARTEN
Marx-Engels-Forum
Spandauer Str.
Juden-str.
Berliner Rathaus (Rotes Rath.)
Grunerstraße
Kloster-kirche
Dircksen-
Magazinstr.
Gorki-Th.
Dt. Histor. Mus.
Humboldt-Univ.
Zeughaus
Staatsbibl.
Karl-Liebknecht-Str.
Humboldt-Box
Podewils'sches Palais
Voltaire-str.
Schillingstr.
Unter den Linden
Kron-prinzen-palais
Schloßpl.
Rathausbr.
Rathausstr.
Nikolaik.
Poststr.
Parochialstr.
Littenstr.
Staatsoper Unter den Linden
Oberwallstr.
Schinkel-pl.
Marstall
Spreeufer
Nikolaik.-pl.
Knoblauchhaus
KLOSTERSTR.
Kloster-str.
Waisenstr.
JANNOWITZ-BRÜCKE
Wallnerstr.
St.-Hedwig-Kath.
Friedrichs-werdersche K.
Werderscher Markt
Breite Str.
Ephraim Palais
Mühlendamm
Mühlendamm-schleuse
Stralauer Str.
Rolandufer
Französische Str.
MITTE
Spree
Jannowitz-brücke
Holzmarkt-
Gendarmen-markt
Konzerthaus
Hausvogtei-platz
Auswärtiges Amt
Unterwasserstr.
Scharrenstr.
Gertraudenstraße
Insel-brücke
Historischer Hafen
Märkisches Ufer
Wallstr.
Am Kölln.
JANNOWITZ-BRÜCKE
Deutscher Dom
HAUS-VOGTEI-PLATZ
Niederwallstr.
Gertrauden-brücke
Fischerinsel
Märkisches Mus.
Bärenzwinger
Brückenstr.
Michael-brücke
Grünstr.-brücke
Ermeler Haus
MÄRKISCHES MUSEUM
Inselstr.
Park
Leipziger Straße
Spittel-markt
Wallstr.
SPITTELMARKT
Neue Roßstr.
Köpenicker Str.
HEINRICH-HEINE-STR.
N
0
200 m
1
2
3
4
5
6
7
8
9
DB
S
U

mittel

Jüdisches Leben und lange Nächte

Alexanderplatz → Rosenstraße → Hackesche Höfe → Sophienstraße → Oranienburger Straße → *Neue Synagoge → Gipsstraße → Weinmeisterstraße

Zwischen Alexanderplatz und dem Oranienburger Tor, in der einstigen Spandauer Vorstadt, haben sich Zeugnisse jüdischen Lebens erhalten, sind Kunst und Kultur in Hinterhöfe eingezogen und steppt nachts der Bär in einem der lebendigsten Viertel Berlins.

Start: **Ⓢ/Ⓤ Alexanderplatz (S 5, 7, 75; U 2, 5, 8)**
Ziel: **Ⓤ Weinmeisterstraße (U 8); Verlängerung über Alte Schönhauser Allee, zum Ⓤ Rosa-Luxemburg-Platz (U 2) oder zum Ⓢ/Ⓤ Alexanderplatz**
Wann: **bei gutem Wetter; jüdische Einrichtungen sind Sa geschlossen; auch ideal als Nightlife-Tour**

Der **Alexanderplatz** ❶ ist wichtiger Verkehrsknotenpunkt, den täglich rund 350 000 Menschen passieren. Zur beliebten Shoppingadresse hat sich die glamourös gestaltete **Galeria Kaufhof** entwickelt; besonders verlockend ist die Gourmet-Abteilung. Durch den Bahnhof gelangt man zum **Fernsehturm** ❷ und – Wartezeit nicht eingeschlossen – in 40 Sekunden mit dem Fahrstuhl in die Panoramaetage mit Bar in 203 m Höhe. Noch einmal vier Meter höher liegt das Drehrestaurant Sphere (○○). Sehenswert auf dem großen namenlosen Platz zwischen Rathausstraße

Alexanderplatz

und Karl-Liebknecht-Straße sind der **Neptunbrunnen** ❸ von Reinhold Begas und die **St. Marienkirche** ❹, eine der ältesten Kirchen der Stadt, zu deren Kunstschätzen im Innern das Fresko »Der Totentanz« aus dem 15. Jh. zählt.

Der Zugang zur **Rosenstraße** zwischen den Plattenbauten an der Karl-Liebknecht-Straße ist leicht zu übersehen. Eine Gedenktafel und ein Denkmal erinnern an die mutigen nicht-jüdischen Frauen, die hier 1943 erfolgreich gegen die Verhaftung ihrer jüdischen Männer und Kinder protestiert hatten.

Vorbei am Hackeschen Markt (s. Tour 2, S. 12) kommt man in die Rosenthaler Straße mit vielen Kneipen und schicken Läden und zu den **Hackeschen Höfen** ❺. Das glanzvoll restaurierte architektonische Juwel des Jugendstils ist Tag und Nacht Anziehungspunkt. Die Wohn- und Gewerbehäuser werden belebt durch Kino und Varieté, Galerie, Buchladen, Boutiquen, Restaurants, Cafés und Bars. Originelle Souvenirs gibt es u.a. im **Ampelmann-Shop** (s. Shopping, S. 138).

Hackesche Höfe

In der schmalen **Sophienstraße** lohnt der Blick in weitere Innenhöfe: Die Sophiensæle in einem ehemaligen Handwerkervereinshaus sind Spielstätte für zeitgenössische Tanz- und Theaterproduktionen. An der Gestaltung der Sophie-Gips-Höfe mit ihrer Passage zur Linienstraße waren bildende Künstler beteiligt. In einem Dachgeschoss befindet sich hier die private Kunstsammlung Hoffmann (www.sammlung-hoffmann.de).

An der Gaststätte Sophieneck (○) trifft die Sophienstraße auf die **Große Hamburger Straße.** Gegenüber liegt das Katholische St.-Hedwigs-Krankenhaus, ein paar Schritte weiter auf der linken Seite die ehemalige jüdische Knabenschule, die heute allen

Konfessionen offen steht. Ein Mahnmal an der begrünten Freifläche daneben erinnert daran, dass sich hier die Sammelstelle für Berliner Juden zur Deportation befand, ein einzelner Grabstein dahinter an den alten jüdischen Friedhof.

Die **Oranienburger Straße** ist mit ihren Restaurants, Bars und Galerien eine beliebte Ausgehmeile und auch ein Stück Rotlichtbezirk. Schon von Weitem sieht man die goldene Kuppel der ***Neuen Synagoge** ❻. Hinter der 1988 wieder aufgebauten Fassade und in einem angrenzenden Neubau lädt das **Centrum Judaicum** (Nr. 28–30) zu Ausstellungen ein. Das einstige Postfuhramt nutzt die Galerie **C/O Berlin** (Nr. 35–36) für ihr Ausstellungsprogramm – bis der nächste Investor kommt.

Neue Synagoge

Entlang der **Auguststraße** finden sich weitere jüdische Einrichtungen, darunter die ehemalige Jüdische Mädchenschule (Nr. 11–13). Sie beherbergt das noble Restaurant **Pauly Saal** (s. Restaurants, S. 135) sowie ein Deli. In den oberen Etagen haben sich Galerien und das Museum **The Kennedys** eingerichtet. Internationale Bedeutung für zeitgenössische Kunst haben die **Kunst-Werke Berlin** ❼ (Nr. 69). Schräg gegenüber liegt **Clärchens Ballhaus** (Nr. 24; s. Nightlife, S. 145), das seit fast 100 Jahren zum Schwof bittet – mit lauschigem Biergarten.

Durch die Gipsstraße erreicht man den U-Bahnhof Weinmeisterstraße oder setzt den Spaziergang durch die **Alte Schönhauser Straße** ❽ fort. Theaterinteressierte zieht es zur Volksbühne, Cineasten zum Kino Babylon – beides am **Rosa-Luxemburg-Platz**. Von da ist es auch nicht mehr weit zum Alexanderplatz.

Touren im Anschluss: 2, 3, 5

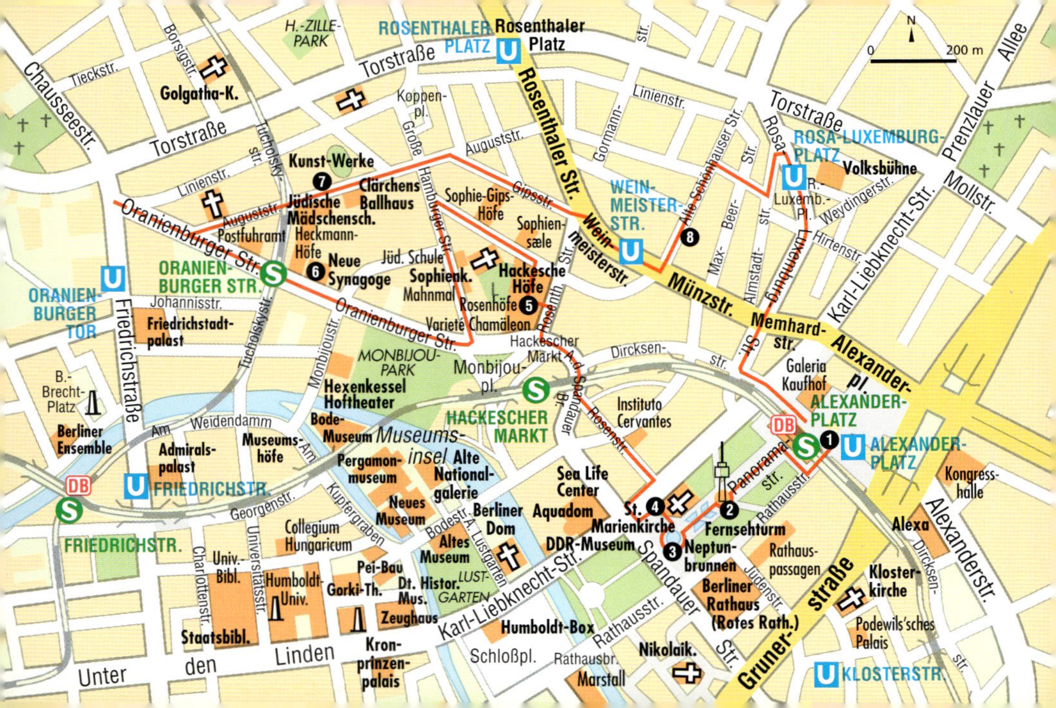

ROSENTHALER PLATZ
Rosenthaler Platz
H.-ZILLE-PARK
Torstraße
Chausseestr.
Tieckstr.
Borsigstr.
Golgatha-K.
Koppenpl.
Linienstr.
Gormann-str.
Rosenthaler Str.
ROSA-LUXEMBURG-PLATZ
Volksbühne
Prenzlauer Allee
Mollstr.
Karl-Liebknecht-Str.
Weydingerstr.
Hirtenstr.
R.-Luxemb.-Pl.
Rosa-Luxemburg-Str.
Alte Schönhauser Str.
Almstadt-str.
Max-Beer-Str.
WEINMEISTERSTR.
Weinmeisterstr.
Münzstr.
Memhard-str.
Alexanderpl.
Auguststr.
Große Hamburger Str.
Tucholskystr.
Kunst-Werke
Clärchens Ballhaus
Jüdische Mädchensch.
Heckmann-Höfe
Postfuhramt
Oranienburger Str.
ORANIENBURGER STR.
Neue Synagoge
Jüd. Schule
Sophienk.
Mahnmal
Sophie-Gips-Höfe
Gipsstr.
Sophiensæle
Hackesche Höfe
Rosenhöfe
Rosenth. Str.
Varieté Chamäleon
ORANIENBURGER TOR
Friedrichstraße
Johannisstr.
Friedrichstadt-palast
Monbijoustr.
MONBIJOU-PARK
Monbijou-pl.
Hackescher Markt
A. d. Spandauer Br.
Dircksen-str.
Galeria Kaufhof
ALEXANDERPLATZ
B.-Brecht-Platz
Berliner Ensemble
Am Weidendamm
Hexenkessel Hoftheater
HACKESCHER MARKT
Instituto Cervantes
Rosenstr.
DB
Panorama-str.
Rathausstr.
Kongress-halle
Admirals-palast
Museums-höfe
Am Kupfergraben
Bode-Museum
Museumsinsel
Pergamon-museum
Alte National-galerie
Sea Life Center
Aquadom
St. Marienkirche
Fernsehturm
FRIEDRICHSTR.
Georgenstr.
Neues Museum
Bodestr.
Berliner Dom
DDR-Museum
Neptun-brunnen
Alexa
Alexanderstr.
Collegium Hungaricum
Altes Museum
A. Lustgarten
LUSTGARTEN
Spandauer Str.
Rathaus-passagen
Kloster-kirche
Univ.-Bibl.
Charlottenstr.
Universitätsstr.
Humboldt-Univ.
Pei-Bau
Gorki-Th.
Dt. Histor. Mus.
Zeughaus
Karl-Liebknecht-Str.
Jüdenstr.
Berliner Rathaus (Rotes Rath.)
Gruner-straße
Podewils'sches Palais
Staatsbibl.
Humboldt-Box
Rathausstr.
Nikolaik.
KLOSTERSTR.
Unter den Linden
Kron-prinzen-palais
Schloßpl.
Rathausbr.
Marstall
N
0
200 m
1
2
3
4
5
6
7
8

kurz

Nightlife und Shopping

Oranienburger Tor → Friedrichstraße → Reinhardtstraße → Albrechtstraße → Schiffbauerdamm → Friedrichstraße → Taubenstraße → *Gendarmenmarkt

Die legendäre Friedrichstraße zeichnet sich durch ihre Mischung von Kommerz und Kultur, von Alt und Neu aus. Die goldenen 1920er-Jahre werden genauso lebendig wie die Zeit der Teilung der Stadt – und auch die Preußen sind nicht weit: am Gendarmenmarkt.

Start: **Ⓤ Oranienburger Tor (U 6)**
Ziel: **Leipziger Straße (Bus M 48), Ⓤ Stadtmitte (U 2)**
Wann: **tagsüber zum Einkaufen, abends für Kultur und Unterhaltung**

Friedrichstadtpalast

Die nördliche Friedrichstraße ist die Achse des größten Theaterviertels der Stadt – für den Drink danach bietet sich auch die Oranienburger Straße an (s. Tour 4, S. 22). Wandmalereien und Graffiti zeugen noch vom **Tacheles ❶**, das als alternatives Kunsthaus 22 Jahre lang die Kulturszene bereicherte. Seit der Räumung 2012 ist die Zukunft der einstigen Kaufhausruine ungewiss.

Gleich neben diesem Brachland prunkt der **Friedrichstadtpalast ❷**, Europas größtes Revuetheater – mitreißender Höhepunkt ist die Reihe der akkurat tanzenden Girls mit den längsten Beinen von Berlin. Genau gegenüber dem Friedrichstadtpalast zweigt die Reinhardtstraße ab. Das von Max Reinhardt begründete **Deutsche Theater** ❸ liegt um die Ecke in der Schumannstraße. Über die Albrechtstraße geht es zum **Schiffbauerdamm.** Die vielen Restaurants und Kneipen rücken im Sommer ihre Tische ans Ufer der Spree.

Deutsches Theater

Auf dem Bert-Brecht-Platz sitzt der Dichter in Bronze gegossen vor seinem Theater, dem berühmten **Berliner Ensemble** ❹. Nach wenigen Schritten steht man auf der Weidendammer Brücke. Der Blick fällt links auf das Bode-Museum an der Spitze der Museumsinsel, rechts sieht man die Eisenbahnbrücke vor dem Bahnhof Friedrichstraße; hinter dem Bauklotz rechts auf der Friedrichstraße liegt der **Tränenpalast** ❺, heute wichtiger Erinnerungsort der geteilten Stadt. Vor dieser Halle für die Grenzkontrollen, die unterirdisch mit dem Bahnhof Friedrichstraße verbunden war, flossen zu Mauerzeiten so manche Tränen, wenn der West-Besuch wieder nach Hause musste oder andere die Papiere zur endgültigen Ausreise in der Tasche hatten. Die Dauerausstellung erzählt mit Originalen der einstigen Einrichtung und vielen Dokumenten von unterschiedlichen »GrenzErfahrungen«.

Noch vor den Bahngleisen auf der linken Seite ist im Hinterhof der **Admiralspalast** ❻ wieder erstanden und huldigt wie in den 1920er-Jahren der leichten Muse, vorwiegend mit Gastspielen vom Rockkonzert bis zur Comedy. Im selben Gebäudekomplex sticht die **Distel** kabarettistisch zu.

Südlich des Bahnhofs Friedrichstraße beginnt die Einkaufsmeile, die sich bis zur Leipziger Straße erstreckt. Ein erster Anziehungspunkt ist das **Kulturkaufhaus Dussmann** mit einer riesigen Auswahl an Büchern und CDs (s. Shopping, S. 140). Auch mehrere Restaurants, Cafés und Hotels gibt es hier, so das elegante **The Westin Grand** (s. Hotels, S. 131) an der Kreuzung Friedrichstraße/Unter den Linden. Von der architektonisch einheitlichen Blockbebauung hebt sich das Kaufhaus **Galeries Lafayette** mit seiner gläsernen Fassade ab. Im Innern faszinieren der originelle Lichthof und die Delikatessabteilung. Eine Passage verbindet das französische Kaufhaus unterirdisch mit dem **Quartier 206**, in dem hauptsächlich Designer-Boutiquen luxuriöse Mode und Accessoires anbieten (s. Shopping, S. 142).

Die Taubenstraße führt mitten auf den ***Gendarmenmarkt,** der unter Friedrich dem Großen angelegt wurde. Das heutige **Konzerthaus ❼**, das mehrere Vorgängerbauten hatte, ist eine Rekonstruktion von Karl Friedrich Schinkels Schauspielhaus. Der majestätische Bau über einer hohen Freitreppe wird harmonisch flankiert von zwei Kirchen: Zum **Französischen Dom ❽** (mit Aussichtsplattform) gehört das Hugenottenmuseum und im Kellergewölbe das Restaurant **Refugium**, der **Deutsche Dom ❾** zeigt eine Ausstellung zur Demokratie in Deutschland. Ungewöhnliches Konzept bietet das Restaurant **Das Meisterstück** (beide Restaurants, S. 133/135). Ringsum laden weitere Cafés, Restaurants und Bars zur Entspannung ein. Unwiderstehlich sind Duft und Anblick von Pralinen, Confiserie und Kunstwerken aus Schokolade bei **Fassbender & Rausch** an der Ecke Mohrenstraße (s. Shopping, S. 140). Über die Leipziger Straße hinweg gelangt man zum weltberühmten Checkpoint Charlie (s. Tour 12, S. 48).

Französischer Dom

Tour im Anschluss: 11

Robert-Koch-Platz
Hannoversche Str.
Torstraße
Tucholskystr.
Koppenpl.
Große Hamburger Str.
St.-Joh.-K.
Auguststr.
Institute der Humboldt Universität
Luisenstr.
ehem. Tacheles 1
Oranienburger Str.
Heckmann-Höfe
ORANIENBURGER TOR
ORANIENBURGER STR.
Neue Synagoge
Sophienkirche
Max-Planck-Institut
Kammerspiele
3 Deutsches Theater
Johannisstr.
2 Friedrichstadtpalast
Friedrichstraße
Schumannstr.
Ziegelstr.
Monbijoustr.
MONBIJOU-PARK
Reinhardtstr.
Albrechtstr.
B.-Brecht-Platz
Weidendammer Br.
Am Weidendamm
Karlpl.
Berliner Ensemble 4
Schiffbauerdamm
Admiralspalast
Planckstr.
Museumshöfe
Am
Bode-Museum
Museumsinsel
Pergamonmuseum
Alte Nationalgalerie
Tränenpalast
5 6
M.-E.-Lüders-Haus
FRIEDRICHSTR.
DB
Georgenstr.
Kupfergraben
Neues Museum
Bodestr.
Schiffbauerdamm
Marschallbr.
Reichstagufer
Georgenstr.
FRIEDRICHSTR.
Universitätsstr.
Altes Museum
J.-Kaiser-Haus
Bundespresseamt
Neustädt. Kirchstr.
Charlottenstr.
Univ.-Bibl.
Humboldt-Univ.
Gorki-Th.
Dt. Histor. Mus.
LUSTGARTEN
Robert-Koch-Mus.
str.
Dussmann
Dorotheen-
Bundesvermögensamt
Staatsbibl.
Zeughaus
BRANDENBURGER TOR
Unter den Linden
Staatsoper Unter den Linden
Kronprinzenpalais
Pariser Platz
Schinkelpl.
Westin Grand Berlin
Akademie d. Künste
BRANDENBURGER TOR
Glinkastr.
Komische Oper
St.-Hedwig-Kath.
Friedrichswerdersche K.
FRANZÖSISCHE STR.
Französische Str.
Behren-
Holocaust-Mahnmal
Wilhelmstr.
Lafayette
8 Franz.Dom
Auswärtiges Amt
Mauerstr.
Jägerstr.
Quartier 206
Gendarmenmarkt 7
Hausvogteiplatz
Markgrafenstr.
Konzerthaus
MITTE
Taubenstr.
STADTMITTE
Charlottenstr.
Deutscher Dom 9
HAUSVOGTEIPLATZ
In den Ministergärten
MOHRENSTR.
Mohrenstr.
Länder-vertretungen
Fassbender und Rausch
Kronenstr.
Leipziger Straße
POTSDAMER PLATZ
Leipziger Platz
1
Bundesrat
Museum für Kommunikation
Mauerstr.
POTSDAMER PL.
BM der Finanzen
Checkpoint Charlie
N
0 200 m

kurz

Rund um den *Potsdamer Platz

Sony Center → Philharmonie → Kulturforum → St. Matthäus-Kirche → *Neue Nationalgalerie → Quartier Potsdamer Platz → Marlene-Dietrich-Platz → Alte Potsdamer Straße

Moderne Architektur, viel Kultur und noch mehr Vergnügen findet man auf engem Raum im Zentrum der neuen Mitte Berlins. Ablaufen kann man den Weg in 30 Minuten – aufhalten kann man sich hier den ganzen Tag und die Nacht dazu.

Start: **S/U Potsdamer Platz (S 1, 2, 25; U 2; Regionalbahn)**
Ziel: **S/U Potsdamer Platz**
Wann: **auch an Regentagen geeignet**

Am Bahnhof Potsdamer Platz steht man mittendrin in Berlins »New York«. Wie zwei Tortürme schieben sich die beiden Wolkenkratzer in die Kreuzung Potsdamer, Ebert-, Leipziger- und Stresemannstraße. Eine Kopie der ersten Verkehrsampel in Europa erinnert daran, dass hier schon 1925 Großstadtverkehr herrschte. Im Klinkerbau von Hans Kollhoff (101 m, Alte Potsdamer Straße 1) bringt der »schnellste Aufzug Europas« Besucher in 20 Sekunden auf die Aussichtsplattform **Panoramapunkt** mit Café. Der Blick von oben ist grandios. Der leicht gerundete Glasbau der **Deutschen Bahn** bleibt nachts hell erleuchtet, dahinter

Potsdamer Platz

erhebt sich das Luxushotel **Ritz Carlton.** Nach wenigen Schritten auf der Potsdamer Straße wird rechts der Blick angezogen von Gold und Stuck hinter einer Glaswand: Der prachtvolle **Kaisersaal** blieb als einziger Raum des ehemaligen Hotels Esplanade erhalten und ist heute Ort exklusiver Events. Der Saal liegt im **Sony Center** ❶ (von Architekt Helmut Jahn), über das sich eine raffinierte Zeltdachkonstruktion spannt. Hier findet man Restaurants, Cafés, Bars, Kinos und das Filmhaus, u. a. mit dem Museum für Film und Fernsehen; Highlight der Dauerausstellung ist die Marlene Dietrich Collection.

Sony Center

An der Kreuzung der Potsdamer mit der Ben-Gurion-Straße beginnt das **Kulturforum**: zunächst das Scharoun-Ensemble mit **Musikinstrumenten-Museum, Philharmonie** ❷ – dem Konzerthaus der Berliner Philharmoniker – und **Kammermusiksaal,** dann der Museumskomplex mit ***Gemäldegalerie, Kupferstichkabinett, Kunstbibliothek** und **Kunstgewerbemuseum.** Die Bauten aus den 1980er-Jahren lassen von außen nicht erahnen, welche Kunstschätze sich dahinter verbergen. Bis zum Mauerfall im Niemandsland gelegen, präsentiert sich das Kulturforum am Potsdamer Platz heute mitten im pulsierenden neuen Zentrum.

Philharmonie

Der Blick zurück bleibt an der Skyline des Potsdamer Platzes hängen – vom Sony-Center bis zum Büro-Hochhaus mit dem grünen Würfel von Renzo Piano. Der große Bau im Vordergrund ist die **Staatsbibliothek** ❸ mitten auf der Alten Potsdamer Straße. Vorbei an der **Matthäus-Kirche** ❹ von Friedrich August Stüler, dem einzigen erhaltenen Bau der Vorkriegszeit, gelangt man zu Ludwig Mies van der Rohes lichtdurchflutetem Tempel für die moderne Kunst: die *__Neue Nationalgalerie ❺__, die ihre großartige Sammlung des 20. Jhs. in wechselnden Ausstellungen präsentiert.

Nach einem kurzen Stück auf dem Reichpietschufer, links am Landwehrkanal entlang, biegt man wieder links ein. Die Wasserfläche, die sich im Sommer in ein Strandidyll verwandelt, begrenzt das 1998 eröffnete Quartier Potsdamer Platz im Süden. Mittelpunkt ist der **Marlene-Dietrich-Platz ❻**. Stilvoll übernachten kann man im eleganten **Grand Hyatt Berlin** (s. Hotels, S. 129). Am Platz ballt sich das Vergnügen: das Musicaltheater mit dem riesigen Nachtclub **Adagio** (s. Nightlife, S. 144) im Keller, die Spielbank und gegenüber das Theater der Blue Man Group. Bemerkenswert ist das **Weinhaus Huth** (Nr. 5: Das »letzte Haus am Potsdamer Platz« blieb vom Bombenhagel verschont, stand zu Mauerzeiten allein auf weiter Flur und überstand schließlich unversehrt die gigantischen Bauarbeiten ringsum. Heute beherbergt es u.a. zwei Restaurants und die Daimler Kunstsammlung (Daimler Contemporary, tgl. 11 bis 18 Uhr).

Marlene-Dietrich-Platz

Shopping-Fans zieht es in die **Potsdamer Platz Arkaden ❼**, eines der beliebtesten Einkaufszentren Berlins (s. Shopping, S. 143). Ein heißer Tipp für einen kalten Genuss ist die Gelateria im ersten Stock. Durch den Ostausgang der Arkaden stößt man auf den wallähnlichen Tilla-Durieux-Park und gelangt links hoch wieder zum Bahnhof Potsdamer Platz.

Touren im Anschluss: 7, 8, 11

TIERGARTEN
Flora
Lortzing
Denkmal f. Baumspende
Herkules mit der Lyra
Naturschutz- und Grünflächenamt
Amazone
Friedrich-Willhelm III.
Königin Luise
Wilhelm I.
Wagner
Löwen-denkmal
Musiker-denk-mal
Goethe
Lessing
Holocaust-Mahnmal
Tiergartentunnel
Bellevueallee
Gr. Sternallee
Tiergarten-straße
Musikinstr.-mus.
Ben-Gurion-Str.
Bellevue-str.
Lenné-str.
Ebert-str.
Beisheim-Center
Länder-vertretungen
Voßstr.
Sony Center
Dt. Bahn
Potsdamer Pl.
POTSDAMER PLATZ
Leipziger Platz
Leipziger Straße
POTSDAMER PL.
MOHREN-STR.
Glinka-str.
Mauerstr.
Wilhelm-str.
Wilhelm-straße
Bundesrat
Museum für Kommunik.
Abgeordnetenhaus von Berlin
Zimmerstr.
Niederkirchner Str.
Topographie des Terrors
Martin-Gropius-Bau
Kunstgewerbe-museum
Kammer-musiksaal
Phil-harmonie
Kulturforum
Kollhoff-Hochhaus
Alte Potsdamer Str.
Fontane-platz
Matthäi-kirchpl.
St.-Matthäus
Gemälde-galerie
Quartier Potsdamer Pl.
Potsdamer-Platz-Arkaden
Potsdamer-Platz-Arkaden
Stresemannstr.
Sigismundstr.
Neue Nationalgalerie
Staats-bibl.
M.-Dietrich-Pl.
Büro-hochh.
TILLA-DURIEUX-PARK
Linkstr.
G.-Tergit-Prom.
St.-Lukas-K.
Bernburger Str.
Dessauer Str.
Askanischer Platz
Anhalter Str.
Dreifaltigkeits-kirche
ANHALTER BAHNHOF
Stresemannstr.
Willy-Brandt-Haus
Adenauer-Stiftung
IFAG
Gedenkstätte Deutscher Widerstand
BDLI
BM der Verteidigung
Stauffenbergstr.
V.-d.-Heydt-Str.
Herkulesufer
Reichpietschufer
Lützowufer
Reichpietsch-ufer
Schöneberger Ufer
Schöneberger Ufer
Schöneberger Str.
George-C.-Marshall-Br.
MENDELSSOHN-BARTHOLDY-PARK
MENDELSSOHN-BARTHOLDY-PARK
Potsdamer Straße
Lützowstr.
Lützow-str.
Genthiner Str.
Varieté Wintergarten
1
2
3
4
5
6
7
N
0
200 m

mittel

Durchs Regierungsviertel

Potsdamer Platz → Ministergärten → *Holocaust-Mahnmal → Brandenburger Tor → *Reichstag → Bundeskanzleramt → Spreebogenpark → Hauptbahnhof → *Hamburger Bahnhof

Der Spaziergang führt vom Potsdamer Platz ins Regierungsviertel, vorbei am Holocaust-Mahnmal und am Brandenburger Tor, zum Reichstag und zum Kanzleramt, streift Parlamentsbauten, den neuen Hauptbahnhof und endet mit Kunst im Hamburger Bahnhof.

Start: **Ⓢ/Ⓤ Potsdamer Platz (S 1, 2, 25; U 2; Regionalbahn)**
Ziel: **Ⓢ Hauptbahnhof (S 3, 5, 7, 75)**
Wann: **bei trockenem Wetter**

In der Verlängerung nach Osten wird die Potsdamer Straße zur Leipziger Straße. Unmittelbar schließt der Leipziger Platz an, dessen neue Bebauung der ursprünglichen oktogonalen Platzanlage folgt. Am Südrand lockt das private **Museum Dalí** in Berlin mit 450 Werken des spanischen Künstlers.

Die Tour wendet sich Richtung Norden: Links an der Ebertstraße liegt das **Beisheim Center ❶**, eine noble Wohnanlage mit den Luxushotels Ritz Carlton und Marriott. Der schöne Name **In den Ministergärten ❷** lässt nicht erahnen, dass sich rundum die Schaltzentren der Macht befanden, von Bismarck bis Hitler. Schon im 18. Jh. lagen hier die Gärten der Adelspalais an der Wilhelmstraße, die später zu Ministerien wurden. Die heutigen Landesvertretungen – sieben der 16 deutschen Länder haben hier ihre Repräsentanz beim Bund – sind allesamt Neubauten auf ehemaligem Grenzsperrgebiet. Bei Ausstellungen und Veranstaltungen sind die Häuser und Gärten zugänglich.

Die Hannah-Arendt-Straße begrenzt im Süden das ***Denkmal für die ermordeten Juden Europas ❸**, die zentrale Holocaust-Gedenkstätte Deutschlands. Das großflächige Stelenfeld mit 2711 grauen Betonelementen nach dem Entwurf des New Yorker Architekten Peter Eisenman will zur individuellen Auseinandersetzung mit dem Ausmaß des Holocaust anregen. Der Ort der Information (Mo geschl.) im Untergeschoss erinnert mittels exemplarischer Lebens- und Familiengeschichten an die sechs Millionen Opfer. In der Behrenstraße, gegenüber der Cora-Berliner-Straße, gibt es eine unauffällige Passage, die durch die Akademie der Künste zum Pariser Platz führt (s. Tour 1, S. 8).

Gedenkstätte

Diese Tour führt weiter entlang der Ebertstraße, vorbei an der US-Botschaft, bis zum **Brandenburger Tor ❹**. Wie eng die Berliner Mauer das Wahrzeichen bis 1990 einschnürte, kennzeichnet die Markierung im Boden. Nach Westen erstreckt sich schnurgerade durch den Tiergarten die **Straße des 17. Juni**, die Schauplatz der alljährlichen großen Silvesterfeier und anderer Jubelereignisse ist.

Reichstagskuppel

Auf der Ebertstraße geht es weiter zum ***Reichstag ❺**, dem Sitz des Deutschen Bundestages. Wer einen Blick auf den Parlamentssaal werfen, vor allem aber die gläserne Kuppel besteigen will, die Norman Foster dem ehrwürdigen Reichstag aufgesetzt hat, muss sich vorher anmelden (www.bundestag.de/besuche/kuppel.html). Spontanbesucher (mit Ausweis) können sich an die Serviceaußenstelle des Besucherdienstes gegenüber dem Einlass wenden; mit Wartezeiten ist zu rechnen. Die Aussicht von der Dachterrasse eröffnet ungewohnte Perspektiven auf die Stadt.

Nun bietet sich ein kleiner Abstecher in den Tiergarten an, vorbei am Carillon-Glockenspiel, um das **Haus der Kulturen der Welt** ❻ zu umrunden. Mit seiner kühnen Dachkonstruktion ist es ein Baudenkmal der 1950er-Jahre.

Vom Uferweg aus werden die Ausmaße des lang gestreckten **Bundeskanzleramts** ❼ deutlich. Das architektonische »Band des Bundes« setzt sich Richtung Osten fort, durch das **Paul-Löbe-Haus** ❽, das Bürogebäude für die Abgeordneten, und das **Marie-Lüders-Haus** ❾ auf der anderen Spreeseite mit der Parlamentsbibliothek. Hinter der Schweizer Botschaft liegt der **Spreebogenpark.** Eine Fußgängerbrücke führt auf kurzem Weg zum Hauptbahnhof am Washingtonplatz.

Die **Kronprinzenbrücke** ❿ ist ein guter Standort für Fotoaufnahmen. Der **Hauptbahnhof** ⓫, ein gigantischer Glaspalast, ist auch ein großes Einkaufszentrum (So geschl.) mit Bistro-Restaurants. Züge fahren tief im Untergrund und auf der Hochbahnstrecke.

Hauptbahnhof

Vom nördlichen Ausgang am Europaplatz sind es auf der Invalidenstraße noch ein paar hundert Meter zum ***Hamburger Bahnhof** ⓬, der das Museum für Gegenwart, u. a. mit der Friedrich Christian Flick Collection, beherbergt. Folgt man der Invalidenstraße Richtung Mitte, findet man das schmucke **Honigmond Garden Hotel** (Nr. 122; s. Hotels, S. 130).

Touren im Anschluss: 3, 4, 5, 8

N
0
200 m
Seydlitzstraße
Minna-Cauen-Str.
Hamburger Bahnhof Museum für Gegenwart
12
Invalidenstraße
Robert-Koch-Platz
Hauptbahnhof
Europaplatz
11
DB
U
S
HAUPTBAHNHOF
Humboldthafen
Alexanderufer
Universitätsklinikum Charité
Akademie der Künste (Archiv)
Luisenstr.
Max-Planck-Institut
Washingtonplatz
Hugo-Preuß-Brücke
Kapelle-Ufer
Unterbaumstr.
Alt-Moabit
G.-Heinemann-Brücke
Ludwig-Erhard-Ufer
Spree
Reinhardt-
Karlpl.
Lüneburger Str.
Moltkebrücke
W.-Brandt-
SPREEBOGENPARK
Kronprinzenbrücke
10
Bundespresseamt
BUNDESTAG
Schweiz
Str.
Alice-Berend-Str.
Otto-v.-Bismarck-Allee
KANZLERGARTEN
Bundeskanzleramt
7
96
Forum
K.-Adenauer-Str.
8
Paul-Löbe-Haus
Reichstagufer
9
Marie-Lüders-Haus
Paul-Löbe-Str.
Marschallbr.
Haus der Kulturen der Welt
6
Tipi Das Zelt
Heinr.-v.-Gagern-Str.
Platz der Republik
Reichstagsgebäude
5
Fr.-Ebert-Pl.
J.-Kaiser-Haus
MOABITER WERDER
Große Querallee
Carillon
Scheidemannstr.
Dorotheen-
BRANDENBURGER TOR
John-Foster-Dulles-Allee
Kurfürstenplatz
Yitzhak-Rabin-Str.
Denkmal f.d. erm. Sinti u. Roma
Brandenburger Tor
4
Pariser Platz
Sowjetisches Ehrenmal
Platz des 18. März
Straße des 17. Juni
Akademie d. Künste
USA
Tiergartentunnel
Amazone
Löwendenkmal
Denkmal für die ermordeten Juden Europas
Herkules mit der Lyra
TIERGARTEN
Goethe
3
Musikerdenkm.
Denkmal f.d. verf. Homosexuellen
C.-Berliner-Str.
Bellevueallee
Lessing
Ebertstr.
In den Ministergärten
Friedrich-Wilhelm III.
Lennéstr.
2
G.-Kolmar-Str.
Großer Weg
Königin Luise
Beisheim-Center
Ländervertretungen
H.-Bellevue-Str.
HERTZ-PARK
Voßstr.
Wilhelm I.
Musikinstr.-mus.
Ben-Gurion-Str.
1
Kanada
Wagner
Kunstgewerbemuseum
straße
Sony Center
POTSDAMER PL.
Tiergarten-
Philharmonie
Mus. für Film und Fernsehen
Potsdamer Pl.
Leipziger Platz
S
DB
U
Kulturforum
Kammermusiksaal
IFAG
Gemäldegalerie
POTSDAMER PL.

lang

Tour 8

Durch Botschaftsviertel und Tiergarten

Kulturforum → Gedenkstätte Deutscher Widerstand → Botschaften Tiergartenstraße → Tiergarten → Schloss Bellevue → Akademie der Künste

Botschaften und Parks, Architektur und Natur vereint der Spaziergang vom Kulturforum durch das Botschaftsviertel und den Stadtpark Tiergarten zum Schloss Bellevue, dem Amtssitz des Bundespräsidenten.

Start: **Philharmonie/Kulturforum (Bus 200, M 48), oder Ⓢ/Ⓤ Potsdamer Platz (S 1, 2, 25; U 2)**

Ziel: **Ⓢ Bellevue (S 5, 7, 75)/Ⓤ Hansaplatz (U 9)**

Wann: **bei trockenem Wetter**

Das Botschaftsviertel am südlichen Rand des Tiergartens entstand schon in der Kaiserzeit. Die Zerstörungen im Zweiten Weltkrieg haben nur wenige Villen überstanden, Grundstücke und Ruinen blieben aber zum Teil im Besitz der jeweiligen Länder. Einige kehrten, nachdem Berlin wieder Hauptstadt geworden war, an ihren alten Standort zurück. Überwiegend wurde neu gebaut von Architekten, die sich von Formen, Farben oder Traditionen der entsprechenden Länder inspirieren ließen. Das führte zu einer reizvollen architektonischen Vielfalt.

Die Tour startet an der Philharmonie, die 1963 als erster Bau des **Kulturforums** eröffnet wurde (s. Tour 6, S. 28). Vorbei am Museumskomplex, geht es durch die Sigismund- zur Stauffenbergstraße. Nach links steht man nach wenigen Schritten vor dem Eingang zur **Gedenkstätte Deutscher Widerstand ❶**. Das Gebäude ist heute Verteidigungsministerium. Eine Ausstellung informiert über das gescheiterte Attentat auf Hitler am 20. Juli 1944. Ein Mahnmal im Hof erinnert an die Widerstandskämpfer um Claus Schenk Graf von Stauffenberg, die hier noch in derselben Nacht hingerichtet wurden.

Österr. Botschaft

Die **Ägyptische Botschaft ❷** in der Stauffenbergstraße 6–7 ist Nachbar der Republik **Österreich ❸**, die sich ihr Botschaftsgebäude mit der markanten Eckgestaltung zur Tiergartenstraße von Stararchitekt Hans Hollein erbauen ließ. Rötlicher Sandstein kennzeichnet die Botschaft **Indiens ❹**. Es folgen die Botschaftsgebäude von **Südafrika ❺** und der **Türkei ❻**. **Italien ❼** hat den Monumentalbau von 1942 rekonstruiert, der über 50 Jahre lang Ruine war. Auch **Japan ❽** knüpft an den Vorgängerbau aus den 1930er-Jahren an und hat den Komplex zur Hiroshimastraße hin erweitert. Auffallendstes Gebäude in der Hiroshimastraße ist die Botschaft der **Vereinigten Arabischen Emirate ❾**, die an ein Märchenschloss aus 1001 Nacht erinnert.

Botschaft der VAE

Wie ein Schiff schiebt sich die Glasfassade der **CDU-Zentrale** an der Corneliusbrücke in die Klingelhöferstraße. An der Rauchstraße setzen die **Mexikanische Botschaft ❿** und die **Botschaft der Nordischen Länder ⓫** kühne architektonische Akzente. Am Ende der Rauchstraße liegt ein ruhiges Wohngebiet und mittendrin, an der Lichtensteinallee, die **Botschaft des Königreichs Spanien ⓬**. Auch hier wurden Fassade und Elemente des 1940er-Jahre-Baus mit modernen An- und Einbauten verbunden.

Die »Goldelse«

Gegenüber ist der Eingang zum **Café am Neuen See**, einem der schönsten Biergärten in der Stadt in lauschiger Umgebung; den See kann man per Tretboot erobern.

Der Spaziergang führt nun auf der Fasanerieallee mitten durch den Tiergarten zur **Siegessäule** ⓭ mit der »Goldelse«, der Siegesgöttin Victoria, auf der Spitze und einer Aussichtsplattform auf 285 Stufen Höhe.

Der **Tiergarten**, das einstige Jagdrevier der Kurfürsten und Könige, ist der zweitgrößte innerstädtische Park, in dem Flaneure, Liebespaare, Sonnenanbeter, Jogger, Radfahrer und andere Sportler ihre Stammplätze haben. Auf der Westseite liegt versteckt hinter Bäumen das **Bundespräsidialamt** und an der Spree das **Schloss Bellevue** ⓮, der Amtssitz des Bundespräsidenten. Der Weg an der Spree entlang führt direkt zum S-Bahnhof Bellevue.

Man kann in diesem Abschnitt des Tiergartens noch einen Abstecher zum **Englischen Garten** machen, einem schmucken Blumengarten. Im zugehörigen Teehaus finden an Sommerwochenenden Konzerte statt. Von hier gelangt man zum Veranstaltungshaus der **Akademie der Künste** ⓯. Sie begrenzt das **Hansaviertel**, ein städtebauliches Beispiel für die »westliche Moderne« der 1950er-Jahre, das als Anwärter auf den UNESCO-Welterbetitel gilt. In einem der Flachbauten um den U-Bahnhof Hansaplatz residiert das **Grips-Theater**, das mit seinen Stücken für Kinder und Jugendliche auch Erwachsene begeistert.

Touren im Anschluss: 6, 7, 9

TIERGARTEN
N
0 200 m
BUNDESTAG
Otto-v.-Bismarck-Allee
96
Forum
KANZLER-GARTEN
Bundeskanzleramt
Paul-Löbe-Str.
Haus der Kulturen der Welt
Tipi-Das Zelt
Heinr.-v.-Gagern-Str.
Platz der Republik
Carillon
Große Querallee
John-Foster-Dulles-Allee
Kurfürstenplatz
Sowjetisches Ehrenmal
Yitzhak-Rabin-Str.
BELLEVUE
SCHLOSSPARK
BELLEVUE
Spree
Paul-straße
Lutherbrücke
Schloss Bellevue
14
15
Akademie der Künste
Bartning-allee
Grips-Theater
Hansa-br.
Lessingstraße
Hansaufer
HANSAPL.
St.-Ansgar-Kirche
Altonaer Str.
Händelallee
Klopstockstr.
Bachstraße
TIERGARTEN
Berlin Pavillon
Kaiser-Friedrich-Gedächtnisk.
ENGL. GARTEN
Bundespräsidialamt
Bismarck
Moltke
Roon
Spreeweg
Großer Stern
13
Siegessäule
Straße des 17. Juni
Bellevueallee
Bremer Weg
Flora
Herkules mit der Lyra
Lortzing
TIERGARTEN
Amazone
Musikerdenkmal
Goethe
Lessing
Tiergartentunnel
Denkmal f. Baumspende
Friedrich-Wilhelm III.
Königin Luise
Ahornsteig
Wilhelm I.
Gr. Sternallee
Großer Weg
Wagner
Süd-afrika
Türkei
Karl Liebknecht
Fuchsjagd
Eberjagd
Fasanerieallee
Hofjägerallee
Neuer See
Wisent
Großer W.
Volkslied
Fontane
Café am Neuen See
12
Spanien
Gartenufer
Lichtensteinallee
Nordische Länder
11
10
Mexiko
Rauchstr.
Stülerstr.
Rosa Luxemburg
ZOOLOGISCHER GARTEN
Katharina-Heinroth-Ufer
Cornelius-str.
Aquarium
Budapester Straße
CDU-Zentrale
Kingelhöferstr.
Bauhaus-Archiv
Herkulesufer
Lützowufer
Konrad-Adenauer-Stiftung
Köbisstr.
Tiergarten-straße
V.-d.-Heydt-Str.
BDLI
Japan
8
VAE
9
Hiroshimastr.
Italien
7
Hildebrandstr.
6 5 4 3
Österreich
Indien
Ägypten
2
Gedenkstätte Deutscher Widerstand
1
BM der Verteidigung
Stauffenbergstr.
Reichpietschufer
Kunstgewerbemus.
Kulturforum
Gemäldegalerie
Matthäikirchpl.
St.-Matthäus-K.
Sigismundstr.
Neue Nationalgalerie
Phil-harmonie
Kammermusiksaal
Musikinstr.-mus.
Ben-Gurion-Str.
Bellevue-str.
Sony Center
Mus. für Film und Fernsehen
Musical-Th.
Staats-bibl.
M.-Dietrich-Pl.
Potsdamer-Platz-Arkaden

mittel

Einkaufsbummel am Kudamm

***KaDeWe → Europa Center → Gedächtniskirche → Neues Kranzlereck → Fasanenstraße → Kantstraße → Savignyplatz → Knesebeckstraße → Olivaer Platz**

Bummeln, Schauen, Sich-Verführen-Lassen, Kaufen: Der Kudamm ist die schönste und längste Einkaufsstraße Berlins und lädt auch unabhängig vom Kaufrausch zu Entdeckungen ein.

Start: **Ⓤ Wittenbergplatz (U 1, 2, 3)**
Ziel: **Olivaer Platz (Bus M 19, M 29, 109, X 10)**
Wann: **an Werktagen; Sa Markt am Walter-Benjamin-Platz (10–16 Uhr); Weihnachtsmarkt an der Kaiser-Wilhelm-Gedächtniskirche**

Der Startpunkt der Tour könnte für manch einen schon zum Ziel eines langen Einkaufstages werden: Das ***KaDeWe ❶**, das größte Kaufhaus des Kontinents und mehr als 100 Jahre alt, bietet auf sechs Etagen einfach alles, was das Herz begehrt, von Accessoires bis Parfümerie, vom sogenannten Luxus-Boulevard der Edelmarken im Erdgeschoss bis zur weltbekannten **Feinschmeckeretage** (s. Shopping, S. 142).

KaDeWe

Die **Tauentzienstraße** mit ihren Mode- und Schuhgeschäften sowie vielen anderen Läden führt genau auf die Kaiser-Wilhelm-Gedächtniskirche zu, vorbei am **Europa Center ❷**. Das erste Hochhaus im West-Berliner Stadtbild (86 m) war 1965 auch die erste

Mall, die Einkaufen und Vergnügen unter einem Dach einte. Im Keller machen die »Stachelschweine« Kabarett-Theater. Ganz oben lockt die **Puro Sky Lounge** (s. Nightlife, S. 145) Nachtschwärmer an, herrliche Aussicht inklusive.

Außerhalb, auf dem **Breitscheidplatz,** laden Straßencafés neben dem Weltkugelbrunnen von Joachim Schmettau, respektlos »Wasserklops« genannt, zu einer Pause mit Blick auf die Turmruine der **Kaiser-Wilhelm-Gedächtniskirche** ❸ ein. Daneben entstand in den 1960er-Jahren der Neubau mit freistehendem Turm. Weit höher ragt das »Zoo Fenster« mit dem Luxushotel **Waldorf Astoria Berlin** in den Himmel. Gegenüber entsteht mit **Bikini Berlin** ein neuartiges Einkaufszentrum, das auf Lifestyle und Design setzt.

Kaiser-Wilhelm-Gedächtniskirche

An der Gedächtniskirche beginnt der **Kurfürstendamm,** der zu kurfürstlichen Zeiten als Reitweg in den Grunewald angelegt worden war. An der Kreuzung Joachimsthaler Straße stehen sich, gläsern und spitz, das **Neue Kranzlereck** von Helmut Jahn und als steinernes Halbrund das **Swissôtel** mit dem **Restaurant 44** (s. Restaurants, S. 136) gegenüber.

In der südlichen Fasanenstraße hat sich eine Reihe großbürgerlicher Villen aus dem 19. Jh. erhalten, darunter das **Literaturhaus** mit dem Café-Restaurant »Wintergarten«, das auch im lauschigen Garten serviert (s. Restaurants, S. 132), und die Nachbarvilla, in der das **Käthe-Kollwitz-Museum** ❹ an die Künstlerin erinnert. Durch die Fasanenstraße erreicht man, vorbei am Hotel Kempinski und dem **Jüdischen Gemeindehaus** ❺, in dessen Fassade Teile der alten Synagoge integriert sind, die Kreuzung mit der Kantstraße, an der das **Kant-Dreieck-Hoch-**

haus mit dem eigenwilligen Dachsegel zeigt, woher der Wind weht. Als Musicalbühne fungiert heute das über 100 Jahre alte **Theater des Westens** ❻ schräg gegenüber, dessen prächtige Fassade an glanzvolle Zeiten erinnert. Daneben gruppieren sich das **Delphi-Kino,** der Jazzkeller **Quasimodo** (s. Nightlife, S. 146) und im Hinterhof die **Vagantenbühne.**

Börse

Ein paar Meter weiter in der Fasanenstraße fällt das Ludwig-Erhard-Haus, in dem u. a. die **Börse** untergebracht ist, durch seine ungewöhnliche Bogenkonstruktion auf. Durch die Kantstraße geht es vorbei am **Stilwerk Design Center**, einem Edelkaufhaus für Inneneinrichtung und Design, zum **Savignyplatz** ❼. Hier findet man vor allem in den S-Bahn-Bögen originelle Geschäfte und Restaurants. Die Knesebeckstraße führt unter der S-Bahn hindurch wieder zum Kurfürstendamm.

Ein kleines Stück zurück liegt in der Mitte des Blocks das **Kudamm Karree** ❽, eine Passage mit der Komödie und dem Theater am Kurfürstendamm sowie einem ungewöhnlichen Museum im Obergeschoss: **The Story of Berlin** erzählt die Geschichte der Hauptstadt in 20 inszenierten Erlebnisräumen.

Von der Bleibtreustraße über die Schlüter- und Wielandstraße bis zum **Olivaer Platz** ❾ wird der Kudamm immer eleganter. Hier versammeln sich die renommierten Designer und Juweliere dieser Welt von Armani bis Ermenegildo Zegna. Am **Walter-Benjamin-Platz** ❿ wird samstags (10–16 Uhr) Wochenmarkt gehalten. Exquisite italienische Weine zu passenden Speisen bietet die **Enoiteca Il Calice** (s. Restaurants, S. 134).

Tour im Anschluss: 10

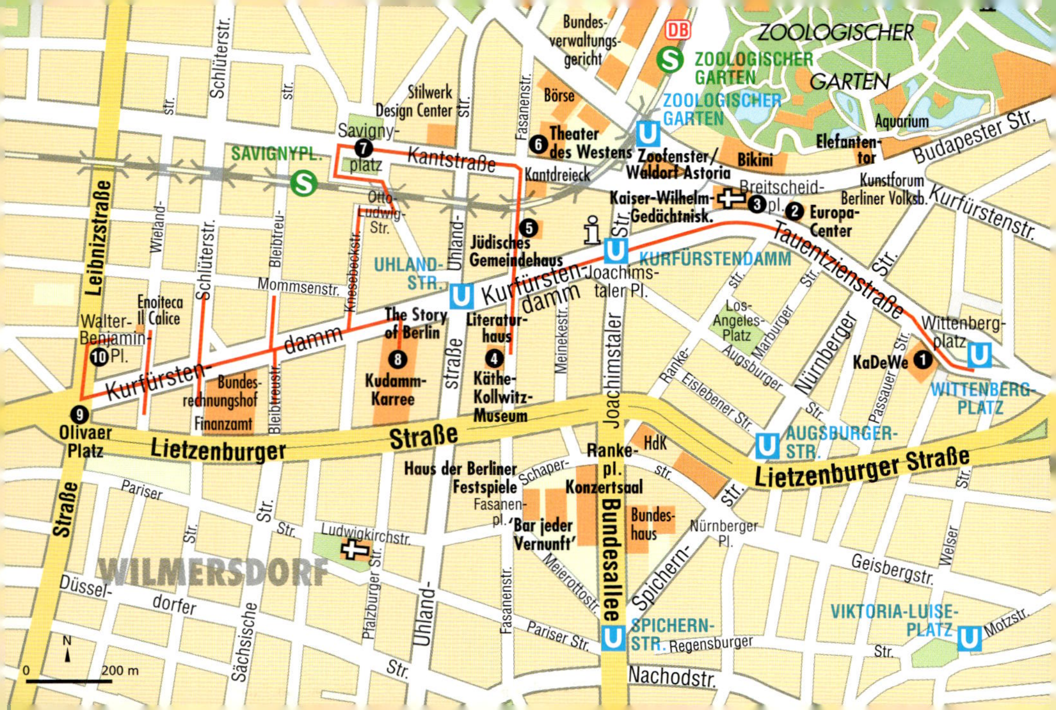
ZOOLOGISCHER GARTEN
ZOOLOGISCHER GARTEN
ZOOLOGISCHER GARTEN
DB
Bundesverwaltungsgericht
Börse
Aquarium
Elefantentor
Budapester Str.
Kurfürstenstr.
Kunstforum Berliner Volksb.
Europa-Center
Breitscheidpl.
Kaiser-Wilhelm-Gedächtnisk.
Bikini
Zoofenster/Waldorf Astoria
Theater des Westens
Kantdreieck
Fasanenstr.
Stilwerk Design Center
Savignyplatz
SAVIGNYPL.
Kantstraße
Otto-Ludwig-Str.
Jüdisches Gemeindehaus
UHLAND-STR.
KURFÜRSTENDAMM
Joachimstaler Pl.
Tauentzienstraße
Kurfürstendamm
Literaturhaus
Käthe-Kollwitz-Museum
The Story of Berlin
Kudamm-Karree
Knesebeckstr.
Mommsenstr.
Bleibtreustr.
Schlüterstr.
Wielandstr.
Leibnizstraße
Enoiteca Il Calice
Walter-Benjamin-Pl.
Bundesrechnungshof
Finanzamt
Olivaer Platz
Lietzenburger Straße
Uhlandstraße
Meinekestr.
Joachimstaler
Los-Angeles-Platz
Marburger Str.
Augsburger Str.
Nürnberger Str.
Ranke-Str.
Eislebener Str.
Passauer Str.
Wittenbergplatz
KaDeWe
WITTENBERG-PLATZ
AUGSBURGER-STR.
HdK
Rankepl.
Haus der Berliner Festspiele
Schaperstr.
Konzertsaal
Fasanenpl.
'Bar jeder Vernunft'
Bundesallee
Bundeshaus
Nürnberger Pl.
Meierottostr.
Spichernstr.
Geisbergstr.
Welser Str.
VIKTORIA-LUISE-PLATZ
Motzstr.
SPICHERN-STR.
Regensburger Str.
Nachodstr.
Pariser Str.
Ludwigkirchstr.
Pfalzburger Str.
Sächsische Str.
Düsseldorfer Str.
WILMERSDORF
N
0
200 m
1
2
3
4
5
6
7
8
9
10

Tour 10

mittel

*Schloss Charlottenburg

Sophie-Charlotte-Platz → Schloßstraße → Keramikmuseum → Schloss Charlottenburg → Schlosspark → Orangerie

Aus Sophie Charlottes Lustschloss wurde die größte Hohenzollern-Residenz in Berlin, die heute noch Preußens Glanz repräsentiert. Schloss und Schlossgarten allein lohnen den Spaziergang; daneben sind noch ganz unterschiedliche Museen zu entdecken.

Start: Ⓤ Sophie-Charlotte-Platz (U 2)
Ziel: Spandauer Damm (Bus M 45, 109, 309)
Wann: Innenbesichtigung auch bei Regen, Park bei gutem Wetter, besonders schön im Frühling; Keramikmuseum nur Fr–Mo

Vom U-Bahnhof Sophie-Charlotte-Platz geht es schnurgerade nach Norden auf das Schloss Charlottenburg zu, dessen Kuppel im Winter am besten zu sehen ist, wenn die Kastanienbäume keine Blätter haben. Auf Höhe der Zillestraße wird die **Schloßstraße** zur breiten Allee mit baumbestandener Mittelpromenade, auf der es sich ruhig flanieren lässt. In der Zillestraße, nur wenige Schritte weiter, residiert das **Museum Charlottenburg-Wilmersdorf** in einer noblen Villa und erzählt Alltagsgeschichten aus dem Doppelbezirk.

An der Ecke Schustehrusstraße lohnt ein kleiner Abstecher in das 300 Jahre alte Charlottenburg. Der Ursprungsbau der **Luisenkirche** ❶ mitten auf dem Gierkeplatz entstand 1716.

Das älteste, teilweise original erhaltene **Wohnhaus** im heutigen Bezirk Charlottenburg ist die Schustehrusstraße 13. In Räumen dieses Barockensembles mit romantischem Innenhof zeigt das **Keramik-Museum Berlin** ❷ seine Sammlung an Gefäßen und Baukeramik vom 19. Jh. bis heute (Fr–Mo 13–17 Uhr).

Ältestes Wohnhaus

Im ehemaligen Ägyptischen Museum an der Schloßstraße fand die bedeutende surrealistische **Sammlung Scharf-Gerstenberg** ❸ eine Heimat. Im Nebengebäude ist die **Abguss-Sammlung antiker Plastik** (Do–So 14–17 Uhr) untergebracht. Auf der gegenüberliegenden Straßenseite, finden sich zwei weitere herausragende Museen: Das **Bröhan-Museum** ❹ hat sich auf Jugendstil, Art déco und Funktionalismus vor allem im Kunstgewerbe spezialisiert. Das ***Museum Berggruen** ❺, das mit einem Erweiterungsbau 2013 wiedereröffnet wird, präsentiert Meisterwerke der klassischen Moderne, überwiegend Picasso, Klee, Giacometti und Matisse, die der Kunstsammler Heinz Berggruen (1914–2007) Berlin überlassen hat.

Nun aber: **Schloss Charlottenburg** ❻. Hoch zu Ross empfängt der Große Kurfürst die Besucher im Ehrenhof. Das bronzene Reiterstandbild stammt von Andreas Schlüter. Das Schloss, 1695–99 erheblich kleiner für Sophie Charlotte erbaut, wurde nach dem frühen Tod der ersten preußischen Königin 1705 wie die angrenzende Siedlung Lietzenburg nach ihr benannt. Alle Hohenzollern-Herrscher bis 1918 haben zumindest zeitweise hier gelebt und ihre Spuren bei der Veränderung des Bauwerks und in der Innenausstattung hinterlassen. Zu be-

Schloss Charlottenburg

sichtigen sind prachtvolle Wohnräume, festliche Säle, das Porzellankabinett, die Schlosskapelle, Kronschatz und Silberkammer, die größte Sammlung französischer Malerei des 18. Jhs. außerhalb Frankreichs und andere Kostbarkeiten. (Der östlich anschließende Neue Flügel bleibt wegen Sanierung vorübergehend geschl.) Im **Museumsshop** im Durchgangsgebäude kann man »einkaufen wie bei Hofe« (s. Shopping, S. 143).

Gleich hinter dem östlichen Eingang zum Schlossgarten zeigt der **Neue Pavillon ❼**, entworfen von Karl Friedrich Schinkel, Meisterwerke dieses Künstlers und seiner Epoche. Nach barockem Vorbild wurde das **Parterre ❽** angelegt, kunstvoll ornamentierte Beete direkt an der Gartenfront des Schlosses, die im Frühling und Sommer in schönster Blüte stehen. Der weitläufige Landschaftsgarten, der im Osten und Norden an die Spree grenzt, schließt einen romantischen Karpfenteich und die kleine Luiseninsel ein. Sehenswert ist das **Belvedere** mit der **KPM-Porzellansammlung ❾**. Im **Mausoleum** für Königin Luise sind auch Kaiser Wilhelm I. und Kaiserin Augusta bestattet. Man verlässt den Schlossgarten auf der Westseite, vorbei am Langhansbau, der einst die ehemalige Königliche Tierarzneischule beherbergte.

Belvedere

In der **Großen Orangerie** finden regelmäßig festliche Konzerte statt (Berliner Residenz Konzerte, www.konzerte-berlin.com). Die kleine Orangerie gegenüber lädt zur Kaffeepause (❍) ein.

Touren im Anschluss: 28, 29

N
0 200 m
Olbers-
Tegeler
Weg
Gustav-Adolf-K.
Belvedere/ KPM-Porzellansamml.
9
SCHLOSS-
GARTEN
Karpfenteich
Osnabrücker Str.
Mierendorffplatz
MIERENDORFFPL.
Pulsstr.
Heubnerw.
Mausoleum
Kamminer
Tauroggener
Mierendorffstr.
Sömmeringstr.
Mollwitzstr.
Parterre
8
Neuer Pavillon
7
Schloßbr.
Schloss Charlottenburg
6
Charlottenburger Ufer
Sophie-Charlotten-Str.
Orangerie
Luisen-pl.
Wintersteinstr.
Sammlung Scharf-Gerstenberg
3
Museum Berggruen
5
Spandauer Damm
Otto-Suhr-Allee
Klausener-pl.
Stallstr.
Nithack-str.
Kaiser
WESTEND
Bröhan-museum
4
Wulfsheinstr.
Gierke-
Luisenkirche
Richard-Wagner-Pl.
Gardes-du-Corps-Str.
Neufert-str.
Schloßstraße
St.-Kamillus
Schustehrus-str.
1
2
Keramik-Museum
Christ-str.
R.-WAGNER-PL.
Sophie-Charlotten-
Danckelmann-str.
Nehringstr.
CHARLOTTENBURG
Seeling-str.
Friedrich-
Auferstehungs-kirche
Kaiserdamm West
7
Museum Charlottenburg-Wilmersdorf
Fritschestr.
Zeile
Wilmersdorfer Str.
R.-Wagner-Str.
Zillestr.
Zillestr.
Knobelsdorffstr.
Str.
Knobelsdorff-brücke
Schloßstr.
SOPHIE-CHARLOTTE-PLATZ
Sophie-Charl.-Pl.
Wundt-str.
Str.
Bismarck-str.
BISMARCK-STR.
Kaiser-dammbr.
Kaiserdamm
Witz-leben-platz
Windscheidstr.
Schillerstr.

mittel

Mauerweg 1

Potsdamer-Platz → *Martin-Gropius-Bau → Checkpoint Charlie → Berlinische Galerie → *Jüdisches Museum Berlin → Mehringplatz → Willy-Brandt-Haus

Was blieb von der Berliner Mauer? Gedenkstelen, im Boden eingelassene Steine, die den Verlauf markieren, einzelne Mauersegmente, Dokumentationen, Gedenkstätten und Museen, die direkt oder indirekt die Teilung der Stadt zum Thema haben.

Start: Ⓢ/Ⓤ Potsdamer Platz (S 1, 2, 25; U 2; Regionalbahn)
Ziel: Ⓤ Hallesches Tor (U 1)
Wann: bei schönem Wetter, Museen auch bei Regen

Wer vom Bahnhof nach oben kommt auf den von Hochhäusern umgebenen **Potsdamer Platz** kann sich nicht vorstellen, wie es vor 1990 hier ausgesehen hat: Brachland, über das Kaninchen hoppelten, dahinter die schwer bewachte Mauer und der Todesstreifen, davor auf der Westseite eine Aussichtsplattform, ein paar Souvenirbuden und das »letzte Haus am Potsdamer Platz«. Am Bahnhofsausgang Ebertstraße geben Informationstafeln, von Mauersegmenten flankiert, Auskunft über den einstigen Grenzverlauf und zum Berliner Gedenkkonzept.

An der Stresemannstraße gegenüber dem U-Bahn-Eingang sind originale **Segmente der hinteren Sperrmauer** ❶ erhalten, die in den Neubau des Bundesministeriums für Umwelt integriert wurden. Eine doppelte Pflastersteinreihe markiert, soweit nicht durch neue Bebauung unterbrochen, den innerstädtischen Mauerverlauf, der Berlin auf 40 km teilte. Einzelne Stationen der »Geschichtsmeile Berliner Mauer« erläutern mit historischen Fotos Ereignisse, die sich am jeweiligen Standort zugetragen haben. Ecke Stresemann-/Niederkirchnerstraße knickte die Mauer nach Osten ab. Sie trennte hier das heutige **Abgeordnetenhaus ❷**, ehemals Preußischer Landtag und in der DDR ungenutzt, vom ***Martin-Gropius-Bau ❸** auf der Westseite. Der Eingang zu diesem Prachtbau aus dem 19. Jh., der mit bedeutenden internationalen Ausstellungen aufwartet, befand sich zu Mauerzeiten auf der Südseite.

Die Gedenkstätte **Topographie des Terrors ❹** dokumentiert auf dem Gelände des Reichssicherheitshauptamts und im Dokumentationszentrum den Terror des Nazi-Regims. An der originalen Berliner Mauer davor sind Löcher zu sehen, die damalige Souvenirjäger, »Mauerspechte«, geschlagen haben.

An der Zimmerstraße 95–101, Ecke Wilhelmstraße, hat sich der **Hi-Flyer** etabliert. Hier kann man sich für spektakuläre Aussichten mit dem Fesselballon in die Luft erheben. Nebenan in der Zimmerstraße 90/91 informiert »Stasi – Die Ausstellung in Mitte« über Methoden der Stasi und über Opferschicksale.

Am **Checkpoint Charlie ❺**, dem ehemalige Ausländerübergang in der Friedrichstraße, standen sich 1961 unmittelbar nach dem Mauerbau sowjetische und amerikanische Panzer in brisanter Situation gegenüber. Heute konkurrieren hier Information und Kommerz. Die Ausstellung in der **Black Box** hat den »Kalten Krieg« zum Thema. Gegenüber gibt das **Mauer-Panorama** des Künstlers Yadegar Asisi einen emotionalen

Checkpoint Charlie

Eindruck vom Leben mit der Mauer. Das **Mauermuseum – Haus am Checkpoint Charlie** (tgl. bis 21 Uhr) zeigt u. a. Objekte, mit deren Hilfe waghalsige Fluchtversuche gelungen sind.

An der **Rudi-Dutschke-Straße** (ehem. Kochstraße), im pulsierenden Zeitungsviertel der 1920er-Jahre haben heute die Tageszeitung taz (Nr. 18) und der Axel-Springer-Verlag ihren Sitz. In der Axel-Springer-Passage zwischen Rudi-Dutschke- und Zimmerstraße finden sich Bistro-Restaurants und eine schicke Bar. Mitten in einer ruhigen Wohngegend in der Alten Jacobstraße hat die **Berlinische Galerie** ❻, das Landesmuseum für Moderne Kunst, Fotografie und Architektur, eine ständige Bleibe in einem ehemaligen Glaslager gefunden; auch das ein West-Berliner Kuriosum: Es wurde gebunkert, was für Notzeiten hätte wichtig werden können, in diesem Falle Glas.

Verkehrsberuhigte Sträßchen stellen im Neubaublock die Verbindung zur Lindenstraße her und zum ***Jüdischen Museum** ❼. Daniel Libeskind schuf das außergewöhnliche Gebäude, das mit dem Barockbau des ehemaligen Kammergerichts verbunden ist. Die Ausstellung ist ein spannender Streifzug durch 2000 Jahre jüdische Kultur in Deutschland. Die Franz-Klühs-Straße kreuzt die Friedrichstraße, die linker Hand am runden **Mehringplatz** ❽ endet, und stößt dann auf die Wilhelmstraße.

Jüdisches Museum

An der Ecke Stresemannstraße sind das **Willy-Brandt-Haus** ❾, die SPD-Zentrale, und das **Hebbel-Theater** ❿ aus den 1920er-Jahren sehenswert, das als Hebbel am Ufer (HAU) in drei Spielstätten mit innovativen Theaterformaten Furore macht.

Tour im Anschluss: 12

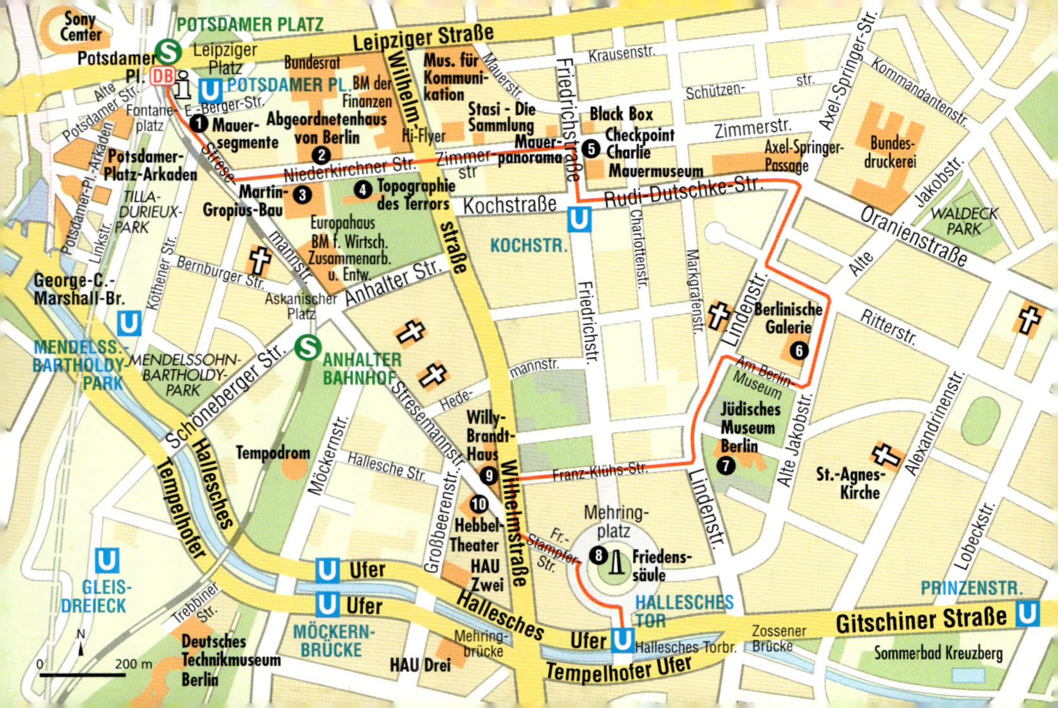
Sony Center
POTSDAMER PLATZ
Potsdamer Pl.
Leipziger Platz
Leipziger Straße
POTSDAMER PL.
Bundesrat
BM der Finanzen
Wilhelmstraße
Mus. für Kommunikation
Mauerstr.
Krausenstr.
Friedrichstraße
Schützenstr.
Axel-Springer-Str.
Kommandantenstr.
Alte Potsdamer Str.
Fontaneplatz
E.-Berger-Str.
1 Mauersegmente
Abgeordnetenhaus von Berlin 2
Hi-Flyer
Stasi - Die Sammlung
Black Box
Zimmerstr.
5 Checkpoint Charlie
Mauermuseum
Mauerpanorama
Axel-Springer-Passage
Bundesdruckerei
Potsdamer-Pl.-Arkaden
Potsdamer-Platz-Arkaden
Stresemannstr.
Niederkirchner Str.
Zimmerstr
Martin-Gropius-Bau 3
4 Topographie des Terrors
Kochstraße
Rudi-Dutschke-Str.
Jakobstr.
WALDECK PARK
Oranienstraße
TILLA-DURIEUX-PARK
Linkstr.
Köthener Str.
Bernburger Str.
Europahaus
BM f. Wirtsch. Zusammenarb. u. Entw.
KOCHSTR.
Charlottenstr.
Markgrafenstr.
Alte Jakobstr.
George-C.-Marshall-Br.
Askanischer Platz
Anhalter Str.
Friedrichstr.
Lindenstr.
Berlinische Galerie 6
Ritterstr.
MENDELSS.-BARTHOLDY-PARK
MENDELSSOHN-BARTHOLDY-PARK
ANHALTER BAHNHOF
Schöneberger Str.
Hedemannstr.
Am Berlin Museum
Jüdisches Museum Berlin 7
Alexandrinenstr.
Willy-Brandt-Haus
Tempodrom
Möckernstr.
Hallesche Str.
Großbeerenstr.
9
Franz-Klühs-Str.
St.-Agnes-Kirche
10 Hebbel-Theater
HAU Zwei
Mehringplatz
8 Friedenssäule
Fr.-Stampfer-Str.
Lobeckstr.
Tempelhofer
Hallesches
Ufer
GLEIS-DREIECK
Trebbiner Str.
HALLESCHES TOR
PRINZENSTR.
Gitschiner Straße
MÖCKERN-BRÜCKE
Hallesches Ufer
Mehringbrücke
Hallesches Torbr.
Zossener Brücke
Sommerbad Kreuzberg
Deutsches Technikmuseum Berlin
HAU Drei
Tempelhofer Ufer
N
0
200 m

mittel

Kreuzberger Nächte – auch bei Tag

Amerika-Gedenkbibliothek → Riehmers Hofgarten → Viktoriapark mit Nationaldenkmal → Platz der Luftbrücke → Chamissoplatz → Marheinekeplatz → Bergmannstraße

Bürgerliche Wohnkultur der Gründerzeit und quirlige Kiezatmosphäre, dazu eine alternative Kultur- und Kneipenszene sorgen für die typische Kreuzberger Mischung.

Start: **Ⓤ Hallesches Tor (U 1, 6)**
Tipp: **Wer zuvor das Deutsche Technikmuseum besichtigen möchte, steigt Ⓤ Möckernbrücke (U 1, 7) aus**
Ziel: **Ⓤ Mehringdamm (U 6, 7)**
Wann: **Spaziergang bei gutem Wetter; abends Kneipenszene Bergmannstraße/Marheinekeplatz**

Der U-Bahn-Ausgang Hallesches Tor befindet sich an der Brücke zwischen den Straßen Hallesches Ufer/Gitschiner Straße und Tempelhofer Ufer/Waterloufer, die den Landwehrkanal begrenzen. Nördlich beginnt am Mehringplatz die Friedrichstraße (s. Tour 5, S. 24), südlich liegt der Blücherplatz mit der **Amerika-Gedenkbibliothek ❶**. Die 1954 eröffnete Bibliothek war ein Geschenk der USA als Symbol für Bildungs- und Meinungsfreiheit in West-Berlin. Blücherplatz und Blücherstraße sind jedes Jahr zu Pfingsten Schauplatz eines multikulturellen Straßenfestes, das den Karneval der Kulturen, Berlins größte und bunteste Straßenparade, begleitet. Über Blücherstraße und Mehringdamm erreicht man den Eingang zu den **Friedhöfen am Halle-**

schen Tor ❷, u. a. mit den Grabstätten von Felix Mendelssohn-Bartholdy, E. T. A. Hoffmann und Adalbert Chamisso.

Burgenähnlich erhebt sich auf der gegenüberliegenden Straßenseite das **Finanzamt Kreuzberg.** 1853 als Kaserne für 500 Soldaten erbaut, bot es auch 700 Pferden auf dem weitläufigen Exerziergelände Platz. Ganz hinten im Hinterhof nutzt heute ein Autohaus mit Werkstatt die sorgfältig restaurierten historischen Stallungen.

Curry 36

Im Eckhaus an der Yorckstraße (Mehringdamm 34) residiert das **BKA,** die Berliner Kabarett-Anstalt. Vor der beliebten Imbissbude **Curry 36** (Mehringdamm 36) stehen Hungrige auch nachts Schlange für die angeblich beste Currywurst Berlins. Mindestens genauso begehrt ist **Mustafas Gemüsekebap** (Mehringdamm 32).

Weiter geht es rechts in die Yorckstraße und auf die andere Straßenseite, vorbei an der in die Häuserreihe integrierten Kirche St. Bonifatius. Neben den Yorck-Kinos gibt es einen Eingang in **Riehmers Hofgarten ❸**. Der Wohnkomplex von 1881 mit seinen aufwändigen Stuckfassaden rahmt begrünte Innenhöfe ein. Wer Gründerzeitfeeling hautnah erleben will, mietet sich im **Hotel Riehmers Hofgarten** (s. Hotels, S. 131) ein, zu dem das Restaurant **e.t.a. hoffmann** (○○–○○○) gehört.

Ein Ausgang liegt an der Großbeerenstraße, die direkt auf den **Viktoria-Park** mit seinem rauschenden Wasserfall zuführt. Bei Einbruch der Dunkelheit und im Winter wird das Wasser abgestellt. Spazierwege winden sich hinauf zum 66 m hohen Gipfel des Kreuzbergs. Der wird bekrönt von Schinkels **Nationaldenkmal ❹**, von dessen Sockel man eine herrliche Rundumsicht auf die Stadt hat. Im Sommer ist der Biergarten Golgatha wichtige Station, sonst geht der Weg gleich ein Stück abwärts zur Methfesselstraße und diese wieder aufwärts zum **Viktoria Quartier.** Das schicke Wohnviertel integriert die historischen Bauten der ehemaligen Schultheiss-Brauerei.

Über die Dudenstraße gelangt man zum Platz der Luftbrücke vor dem ehemaligen Flughafen Tempelhof, der heute ein riesiger Park ist: Spielwiese und Sportplatz für alle bewegungsfreudigen Berliner und Berlinbesucher. Das **Luftbrückendenkmal** ❺ erinnert an die Berlin-Blockade 1948/49, als der Westteil der Stadt fast ein Jahr lang aus der Luft versorgt wurde.

Über Mehringdamm, Fidicin-, Kopisch- und Willibald-Alexis-Straße geht es zum fast idyllischen **Chamissoplatz** ❻. Die umgebenden Mietshäuser wurden zum Musterbeispiel für ein gelungenes Sanierungsprojekt.

Knofi

Lebhafter geht es rund um den **Marheinekeplatz** ❼ zu. Hier, in der Zossener Straße und vor allem in der **Bergmannstraße** reihen sich Geschäfte mit Trödel und Antiquitäten, Boutiquen und Buchläden sowie Bars und Restaurants für lange Kreuzberger Nächte aneinander. Zwei Empfehlungen: der Comic-Laden **Grober Unfug** (s. Shopping, S. 142) und das orientalische Delikatessengeschäft **Knofi** (Nr. 98).

In der Gneisenaustraße 2 lohnt der Besuch des **Mehringhofs** ❽ mit seinen alternativen Projekten und dem Mehringhof-Theater für Kabarett-Gastspiele.

Tour im Anschluss: 11

Eisenbahn-bundesamt
Hallesches Ufer
Tempelhofer Ufer
Großbeerenstr.
Hebbel-Theater
HAU Zwei
Wilhelmstraße
Mehring-platz
Friedens-säule
Lindenstr.
Jüdisches Museum
MÖCKERN-BRÜCKE
HALLESCHES TOR
Hall. Tor-brücke
Mehring-brücke
Zossener Brücke
Deutsches Technik-museum
Möckernstr.
HAU Drei
Obentrautstr.
96
Amerika-Gedenkbibl.
Blücherstr.
Blücher-pl.
Wartenburgstr.
Finanzamt Kreuzberg
FRIEDHÖFE AM HALLESCHEN TOR
Rathaus Kreuzberg
Berliner Kabarett Anstalt
Mehringdamm
MEHRING-DAMM
Zossener Str.
Yorckstraße
Bonifatiuskirche
Gneisenaustraße
GNEISENAU-STR.
Hagelberger Str.
Riehmers Hofgarten
Mehringhof Theater
Grober Unfug
Passionsk.
Nostitzstr.
Riemannstr.
Solms-str.
Markthalle
Schleier-macherstr.
Kreuzbergstr.
Bergmannstr.
Marheineke-platz
Künstlicher Wasserfall
VIKTORIA-PARK
National-denkmal
Methfesselstr.
Am Tempelhofer Berg
Arndtstr.
Chamisso-platz
Kopisch-str.
Willibald-Alexis-Str.
DREI-FALTIGK.-KIRCHHOF
Wilhelmshöhe
Fidicinstr.
Golgatha Biergarten
ehem. Schultheiss-Brauerei
PLATZ DER LUFTBRÜCKE
Jüterboger Str.
Friesenstr.
Schwiebusser Str.
Victoria-Quartier
Kolping-haus
Bundes-kartellamt
Hauptzoll-amt Süd
Columbia-halle
Dudenstraße
Platz der Luftbrücken-denkmal
Finanzamt
Columbiadamm
Manfred-v.-Richthofen-Str.
Luftbrücke
Columbiahaus
Eingang zum Park
Tempelhfr. Damm
Polizei-Präs.
Fundbüro
Bayernring
TEMPELHOFER PARK
N
0
200 m
1
2
3
4
5
6
7
8

kurz

Tour **13**

SO 36 und ein Stück türkisches Berlin

Oranienstraße → Heinrichplatz → Kunstraum Kreuzberg/ Bethanien → Thomaskirche → Michaelkirche → Kottbusser Tor → Maybachufer

Studentisch, alternativ, rebellisch, türkisch, trendy: Die bunte Kreuzberger Mischung verbreitet vor allem im Sommer ein fast mediterranes Lebensgefühl. Auch Mauerspuren sind zu entdecken.

Start: Ⓤ Moritzplatz (U 8)
Ziel: Ⓤ Schönleinstraße (U 8); im Sommer auch Weiterfahrt mit dem Schiff möglich!
Wann: am schönsten im Sommer wochentags; Türkenmarkt Di und Fr 11–18.30 Uhr

Der **Moritzplatz** hat mit dem Kreativzentrum **Aufbau Haus**, mit Theater, Galerie und Geschäften (s. Shopping, S. 139) einen kulturellen Anziehungspunkt erhalten. Gegenüber hoffen engagierte Anwohner auf den Erhalt ihrer liebevoll angelegten Prinzessinnengärten.

Richtung Südosten beginnt hier der lebhafte Teil der **Oranienstraße** und ein Stück türkisches Berlin. Die alternative Szene hat sich im ehemaligen Postbezirk »SO 36« ihre Nischen bewahrt, und längst sind auch die Trendsetter hier angekommen. Im historischen Wirtshaus **Max und Moritz** (Nr. 162, ❍) wird immer noch berlinerisch-deftig gekocht, während die Tangoszene die alten Holzdielen als idealen Tanzboden entdeckt hat. Der **Oranienplatz** ❶ ist Treffpunkt für türkische Familien. Bis zum

Heinrichplatz ❷ reihen sich links und rechts jede Menge Kneipen, Bars sowie Läden aller Art und vieler Nationalitäten aneinander. Der legendäre Club **SO36** (Nr. 190) ist heute Bar, Lounge und Dancefloor (S. Nightlife, S. 146). **Smyrna Kuruyemis** (Nr. 24) hat Mokka, Tee, Nüsse und andere Knabbereien aus 1001 Nacht im Angebot. Originell sind die Bürsten und Korbwaren der **Imaginären Manufaktur der Blindenanstalt Berlin** (s. Shopping, S. 139). Neben der **Galerie der Neuen Gesellschaft für Bildende Kunst** (Nr. 25) sind diverse Buchläden zu finden. Im **Hanf Haus** (Nr. 192) wird Modisches, Accessoires, Kosmetik und Tee angeboten. Die **Rote Harfe** (Nr. 13, ❍❍), einst Treffpunkt für linke Biertrinker, serviert heute gehobene Küche.

Bethanien ❸ am Mariannenplatz, einst ein Krankenhaus, in dessen Apotheke Theodor Fontane wirkte, wurde in den 1970er-Jahren besetzt und hat seither eine bewegte alternative Geschichte. Heute bietet es als Kunstquartier Raum für Künstler und Veranstaltungen; für Kulinarisches sorgt das Café-Restaurant Drei Schwestern (❍).

Thomaskirche

Die **Thomaskirche** ❹ grenzte unmittelbar an die Berliner Mauer, die nach links dem Bogen des Bethaniendamms folgte. Hier verlief bis 1926 der Luisenstädtische Kanal, der die Spree mit dem Landwehrkanal verband. Die **Michaelkirche** ❺ ist teilweise Kriegsruine geblieben.

Das **Engelbecken** ❻ wurde 1946 mit Kriegsschutt aufgefüllt, 1961 verschwand die Anlage hinter der Mauer. Inzwischen ist nicht nur am Legiendamm der ehemalige Todesstreifen mit Neubaublocks bebaut, auch ein Teil der Grünanlage südlich des wieder mit Wasser gefüllten Engelbeckens ist restauriert. Das Café am Engelbecken (❍) lädt zur Pause, der Rosengarten zum Flanieren ein. An der Ecke Waldemarstraße/Leuschnerdamm finden Sie die **Henne,** eines der berühmtesten Gasthäuser Berlins (s. Restaurants, S. 134).

Die Mauer verlief unmittelbar neben der Waldemarstraße. In westlicher Richtung hatte sie die Dresdener Straße unterbrochen und die Sebastianstraße der Länge nach geteilt: die West-Bewohner hatten die Mauer vor der Haustür. An der **Heinrich-Heine-Straße** befand sich ein wichtiger Grenzübergang für den Warenverkehr. Hier endet der kurze Spaziergang.

Im Restaurant Defne

Die längere Tour folgt der Dresdener Straße über den Oranienplatz hinweg zum Kottbusser Tor (U-Bahn) und noch weiter über die Kottbusser Straße bis zum **Landwehrkanal.** An den Ufern ist an Sommerabenden viel los. Die Plätze in den Vorgärten vieler Restaurants sind dann schnell belegt. Die Auswahl reicht vom Edelrestaurant **Horvath** (Paul-Lincke-Ufer) bis zum griechischen Lokal **Defne** (Planufer; beide s. Restaurants, S. 133/134). Viele junge Leute lassen aber auch auf Brücken und an der Böschung Beine und Seele baumeln.

Türkenmarkt

Am Maybachufer findet dienstags und freitags ein **Türkenmarkt** ❼ mit vielen frischen Produkten statt. Dann wird Kreuzberg zu Klein-Istanbul. Die Reederei Riedel startet an der Kottbusser Brücke zu lohnenden Schiffstouren (10.30, 14.30 Uhr).

Tour im Anschluss: 14

Köpenicker Str.
HEINRICH-HEINE-STR.
Michaelkirchstr.
Spreeport
(in Bau)
Paula-Thiede-Ufer
Schilling-brücke
Stralauer Platz
An der Schillingbr.
Spreesinus
Michael-kirchpl.
Köpenicker Str.
Engeldamm
Adalbertstr.
Melchiorstr.
Heinrich-Heine-Straße
Annenstr.
Alte Luther-Kirche
Heinr.-Heine-Pl.
5 Michaelkirche
6 Engel-becken
Luisenstädtischer Kanal
Engeldamm
Bethaniendamm
4 Thomas-kirche
Sebastianstr.
Alfred-Döblin-Pl.
ROSEN-GARTEN
Kunstamt Kreuzberg
Kunstquartier Bethanien
3
Mariannen-platz
Wrangelstr.
Sebastian-str.
Moritz-platz
MORITZ-PLATZ
Luckauer Str.
Dresdener Str.
Legiendamm
Leuschnerd.
Waldemarstr.
Adalbertstr.
Muskauer Str.
Manteuffelstr.
Prinzessinnen-gärten
Oranien-platz
1
Naunynstr.
Waldemarstr.
Mariannenstr.
Naunynstr.
Ritterstr.
Segitzdamm
Erkelenzdamm
Dresdener Str.
Adalbertstr.
Oranienstraße
2
Heinrich-pl.
Lausitzer Platz
GÖRLITZER BAHNHOF
Reichenberger
Wassertor-platz
KOTTBUSSER TOR
Skalitzer Straße
Spreewald-platz
Mariannenstr.
Kottbusser Str.
Admiralstr.
Manteufel-str.
Lausitzer Str.
Ohlauer Str.
Kottbusser Brücke
Ölberg-kirche
Urbanhafen
Fraenkelufer
Admiral-brücke
Planufer
Planufer
Paul-Lincke-Ufer
7
Graefestr.
179
Türken-markt
Maybachufer
Melanchton-kirche
Hobrecht-brücke
SCHÖNLEINSTR.
Grimmstr.
Grimmstr.
Kottbusser Damm
Dieffenbachstr.
Friedelstr.
Urbanstr.
KREUZBERG
Pflügerstr.
N
0
200 m

Tour 14

lang

West-Ost-Szene: Kreuzberg und Friedrichshain

Schlesisches Tor → Schlesische Straße → Oberbaumbrücke → Warschauer Straße → Frankfurter Allee → Karl-Marx-Allee

Die Tour beginnt im äußersten Osten Kreuzbergs und endet im Szeneviertel Friedrichshain. Die Verbindung über die Spree stellt die 1894/95 erbaute Oberbaumbrücke her.

Start: Ⓤ Schlesisches Tor (U 1)
Ziel: Ⓤ Samariterstraße oder Ⓤ Frankfurter Tor (U 5)
Wann: jederzeit, am schönsten an einem Sommerabend

Ob in Kreuzberg (West) oder in Friedrichshain (Ost): Hier wie da tobt das junge Nachtleben, gibt es Bars, Restaurants und Clubs in Fülle, daneben Kultureinrichtungen und überraschend lauschige Plätze.

Wer von der Hochbahn am **Schlesischen Tor** herunterkommt, sieht gegenüber, auf der Mittelinsel, eine architektonisch schmucke Berliner Besonderheit in grün gestrichener Eisenkonstruktion: Das **Cafe Achteck** ❶ diente früher allgemein dringenden Bedürfnissen und ist noch vielerorts als Denkmal erhalten. In dieses Exemplar ist eine Imbissbude eingezogen.

Der Spaziergang beginnt im Wrangel-Kiez und macht zwischen Oppelner, Wrangel-, Cuvry- und Schlesischer Straße mit der multikulturellen Berliner Mischung bekannt. Ein schönes und preiswertes Hotel ist **Die Fabrik** (Schlesische Str. 18, s. Hotels, S. 129), Pizza und Eis à l'italiana gibt es bei **Aldemir** (Falckensteinstr. 7) – man findet hier türkische, vietnamesische, afrikanische und libanesische Imbisslokale sowie Secondhandshops. Dazu passt durchaus die mächtige **Marienkirche ❷**, die 1905 im neoromanischen Stil erbaut wurde. In der Cuvrystraße kann man im **Lido** (Nr. 2, s. Nightlife, S. 145) Live-Konzerten lauschen. Hier beginnen die »Menschenlandschaften«, eine Reihe von Skulpturen, die ihre Fortsetzung zwischen Schlesischer Straße und May-Ayim-Ufer findet. Schon 1987 setzten sich Künstler mit dem Thema Einwanderung und Kreuzberg auseinander. Folgt man der Schlesischen Straße nach rechts, landet man bald an Resten der Grenzsperranlagen mit Brachfläche und einem **Originalwachturm ❸**. Auf der gegenüberliegenden Seite breitet sich ein ehemaliges Industriegelände aus. Von hier ist es nicht weit zur **Arena ❹** und dem Badeschiff (s. Tour 15, S. 66). Am Flutgraben und am Schleusenufer haben sich in idyllischer Lage mehrere Musikclubs angesiedelt (Freischwimmer, Club der Visionäre, Chalet Berlin). Zurück geht es über die Schlesische Straße, rechts in die Falckensteinstraße – hier hat der Club **Watergate** den besten Blick auf Wasser und Tor (s. Nightlife, S. 147) – und weiter über die **Oberbaumbrücke ❺**. Das Bauwerk in märkischer Backsteingotik von 1896 wurde 1961 zum Grenzsperrgebiet und nach 1990 restauriert. Nun rumpelt die U-Bahn wieder bis zur Warschauer Straße.

Oberbaumbrücke

Von der Brückenmitte öffnet sich links, Richtung Nordwesten, ein schönes Panorama vom Zentrum mit dem Fernsehturm zur Orientierung. Im Osten steigt der höchste Büroturm Berlins, die **Treptowers,** in die Höhe, und aus dem Wasser der Spree erhebt sich, 30 m hoch, der **Molecule Man** von Jonathan Borofsky (1997), eine Aluminium-Skulptur aus drei Figuren, die je nach Blickwinkel zu einer einzigen werden. Die großen Speichergebäude an den Spreeufern beherbergen Medienunternehmen. Am nördlichen Osthafen werden künftig historische Schiffe ankern.

Molecule Man

Am Ende der Brücke nach links in den Mühlendamm erreicht man die **East Side Gallery ❻**, ein 1,3 km langes Stück der Hinterlandmauer, die nach der Wende von internationalen Künstlern bemalt – und durch Schmierereien beinahe schon wieder zerstört wurde. Die **Warschauer Brücke** überspannt ein großes Bahngelände. Es grenzt mit dem ehemaligen **Reichsbahnausbesserungswerk (RAW) ❼** an die Revaler Straße. Das RAW bietet viel Platz für Kultur, Freizeit und soziale Projekte. Für den anspruchsvollen Gaumen empfiehlt sich das **Schneeweiß** (s. Restaurants, S. 136).

Die Simon-Dach-Straße ist die Ausgehmeile in Friedrichshain mit Happy Hour oft bis spät in die Nacht. Zum Kiez gehört der **Boxhagener Platz ❽**. Der »Boxi« ist eine grüne Oase im Häusermeer. Durch die Mainzer Straße, Zentrum der Ost-Berliner Hausbesetzungen der frühen 1990er-Jahre, erreicht man die Frankfurter Allee (U-Bahn Samariterstraße).

East Side Gallery

Am **Frankfurter Tor ❾** (mit dem Blick Richtung Fernsehturm) beginnt die **Karl-Marx-Allee,** Deutschlands längstes Baudenkmal (1500 m) mit Häusern im sozialistischen Zuckerbäckerstil – mit Anwärterschaft auf den UNESCO-Welterbetitel.

Tour im Anschluss: 17 (mit Tram 10 zum Start)

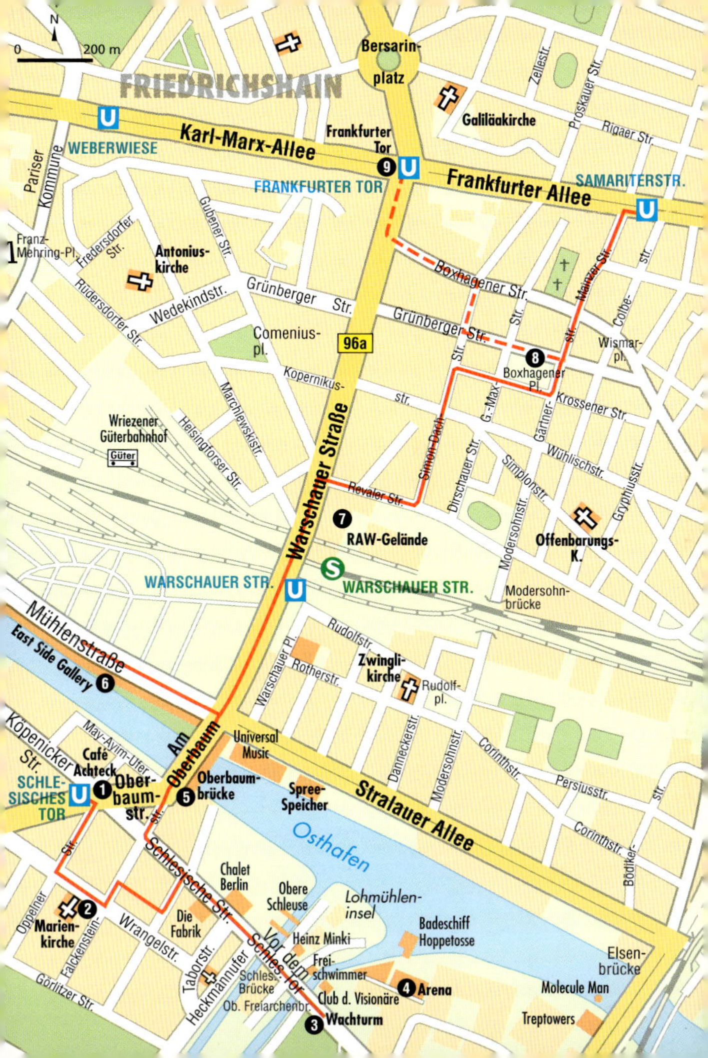

0 200 m
N
FRIEDRICHSHAIN
Bersarin-platz
Galiläakirche
Zellestr.
Proskauer Str.
Rigaer Str.
Karl-Marx-Allee
Frankfurter Tor
Frankfurter Allee
WEBERWIESE
FRANKFURTER TOR
SAMARITERSTR.
Pariser Kommune
Franz-Mehring-Pl.
Fredersdorfer Str.
Antonius-kirche
Gubener Str.
Rüdersdorfer Str.
Wedekindstr.
Grünberger Str.
Boxhagener Str.
Mainzer Str.
Colbe-str.
Comenius-pl.
96a
Kopernikus-str.
Wismar-pl.
Boxhagener Pl.
Krossener Str.
G.-Max-Str.
Gärtner-str.
Wriezener Güterbahnhof
Güter
Helsingforser Str.
Marchlewskistr.
Warschauer Straße
Simon-Dach-Str.
Dirschauer Str.
Simplonstr.
Wühlischstr.
Gryphiusstr.
Revaler Str.
RAW-Gelände
Modersohnstr.
Offenbarungs-K.
WARSCHAUER STR.
WARSCHAUER STR.
Modersohn-brücke
Mühlenstraße
East Side Gallery
Rudolfstr.
Warschauer Pl.
Rotherstr.
Zwingli-kirche
Rudolf-pl.
Köpenicker Str.
May-Ayim-Ufer
Am Oberbaum
Universal Music
Café Achteck
SCHLE-SISCHES TOR
Ober-baum-str.
Oberbaum-brücke
Spree-Speicher
Stralauer Allee
Danneckerstr.
Modersohnstr.
Corinthstr.
Persiusstr.
Corinthstr.
Bödiker-str.
Osthafen
Schlesische Str.
Chalet Berlin
Obere Schleuse
Lohmühlen-insel
Badeschiff Hoppetosse
Die Fabrik
Marien-kirche
Oppelner Str.
Falckenstein-str.
Wrangelstr.
Heinz Minki
Vor dem Schles. Tor
Frei-schwimmer
Arena
Elsen-brücke
Molecule Man
Taborstr.
Heckmannufer
Schles. Brücke
Ob. Freiarchenbr.
Club d. Visionäre
Wachturm
Treptowers
Görlitzer Str.

Tour 15

mittel

Treptower Park

Uferpromenade → Gasthaus Zenner → Insel der Jugend → Archenhold-Sternwarte → Sowjetisches Ehrenmal → Treptowers → Arena/mit Badeschiff

Der schöne Spaziergang vereint Erholung im Park und am Wasser mit historischen Einsichten und Ausblicken in »astronomische Fernen«.

Start: Ⓢ Treptower Park (S 8, 9, 41, 42)
Ziel: Ⓢ Treptower Park oder Bus 265 (zum Ⓤ Schlesisches Tor)
Tipp: von der Anlegestelle nahe Ⓢ Treptower Park mit dem Schiff weiter nach Köpenick
Wann: am besten an einem sonnigen Wochenende

Die **Allianz Treptowers** ❶ mit dem höchsten Büroturm Berlins sind überragender Orientierungspunkt am nördlichen Ende des Treptower Parks, der von der breiten und verkehrsreichen Puschkin-Allee durchschnitten wird. Doch zwischen Rosengarten und Spree lässt es sich auf der Uferpromenade unter alten Platanen an warmen Tagen angenehm flanieren, obwohl (oder weil) dann ganz bestimmt halb Berlin mit Hund, Kind und Kegel unterwegs ist. Auch für Radfahrer und Skater ist der Treptower Park ein äußerst beliebtes Revier.

Blick auf die Treptowers

Viele Ausflügler haben den **Treptower Hafen** ❷ zum Ziel, die Hauptanlegestelle der Stern- und Kreisschiffahrt. Andere lassen sich auf den Wiesen zum Sonnenbad oder Picknick nieder, und wieder andere zieht die Ausflugsgaststätte **Gasthaus Zenner** ❸ (○–○○) magnetisch an. Vor allem sonntags geht es in Berlins größtem Biergarten an der Spree rund, wenn eine Jazzband schon zum Brunch (10–14 Uhr) einheizt und zum Tanz animiert. Aber auch mittags, zu Kaffee und Kuchen oder am Abend ist bei Zenner Musike – live oder von DJs eingespielt: Vom Oldie bis zu Country und Western oder Berliner Schlagern wird alles geboten, was das überwiegend gesetzte Publikum wünscht. Das Zenner am Spreeufer wurde 1822 vom Schinkel-Schüler Langhans d. J. im klassizistischen Stil errichtet. Die Inneneinrichtung stammt aus den 1950er-Jahren. Das Musikrestaurant wird von der traditionellen (West-)Berliner Eierschale betrieben. Wem die Gastronomie zu berlinisch-deftig ist, kann sich bei Burger King im selben Haus einen Hamburger holen.

Von der Terrasse reicht der Blick hinüber zur **Halbinsel Stralau** und auf den schiefen Turm der Dorfkirche Stralau. Ein ganz besonderes Volksfest zu Lande und zu Wasser ist der Stralauer Fischzug am 24. August. Der einstige Spreetunnel zwischen Treptow und Stralau wurde in den 1960er-Jahren zugeschüttet. Eine stählerne Bogenbrücke führt auf die **Insel der Jugend** ❹. Hier sorgt der Verein »Insel Berlin« für ein vielseitiges kulturelles Programm.

Bogenbrücke

Der größere Teil des Treptower Parks liegt südwestlich der Puschkin-Allee. Der Volkspark Treptow, die drittgrößte Parkanlage Berlins, wurde 1876–87 von Gustav Meyer mit Spielwiesen und einem Karpfenteich angelegt, 1896 auf kaiserlichen Befehl für die Berliner Gewerbeausstellung umgestaltet und anschließend teilweise wieder in den ursprünglichen Zustand versetzt. Aus jener Zeit stammt die **Archenhold-Sternwarte ❺**. Das ursprüngliche Holzhaus brannte ab und wurde 1909 durch den jetzigen Bau ersetzt. Die Sternwarte beherbergt ein Himmelskundliches Museum und besitzt auf dem Dach das mit 21 m längste Linsenfernrohr der Welt. Das 1896 gebaute technische Meisterwerk steht unter Denkmalschutz, wird aber zu verschiedenen Veranstaltungen in Betrieb gesetzt (www.astw.de).

In der Mitte des Parks, wo Gustav Meyer eine ovale Spiel- und Sportwiese geschaffen hatte, ließ die sowjetische Besatzungsmacht 1946–49 das monumentale **Sowjetische Ehrenmal ❻** als Gedenkstätte für über 5000 gefallene Soldaten im Zweiten Weltkrieg errichten.

Verschiedene Wege durchziehen den Park. Die Tour führt wieder zu den **Allianz Treptowers**. Die riesige Skulptur »Molecule Man« von Jonathan Borofsky in der Spree (s. Tour 14, S. 61) gehört zur Kunstsammlung des Versicherungsunternehmens, die an jedem 2. Samstag im Monat besichtigt werden kann.

Badeschiff

Ein Fußweg entlang der Spree führt zur **Arena ❼**, einem wichtigen Veranstaltungsort für Theater, Konzerte und mehr, sowie zum dazugehörigen Badeschiff in der Spree. Daneben liegt die **Hoppetosse** vor Anker, ein Restaurant- und Partyschiff, auf dem man genüsslich den Sonnenuntergang erleben kann (❍).

Touren im Anschluss: 14, 19

insel
Badeschiff Hoppetosse
Osthafen
Arena
Molecule Man
Allianz Treptowers
An den Treptowers
Elsenbrücke
Kynaststr.
Rummelsburger See
Hauptstr.
Palmenkernzeile
STRALAU
Puschkinallee
Hoffmannstr.
Kulturzentr. "Parkhaus"
TREPTOWER PARK
Treptower Hafen
Karl Marx Denkmal
Alt Stralau
Elsenstraße
Am Treptower Park
Spree
96a
ROSEN-GARTEN
Dorfkirche Stralau
Tunnelstr.
Elsenstr.
Bekenntnisk.
TREPTOWER
PARK
(in Planung)
Liebes-Insel
Pl. am Spreetunnel
Insel der Jugend
Gasthaus Zenner
Kiefholzstr.
Sowjetisches Ehrenmal
Archenhold-Sternwarte
Alt Treptow
Stuckstr.
TREPTOW
N
0
200 m

mittel

Mauerweg 2

Nordbahnhof → Bernauer Straße mit Gedenkstätte Berliner Mauer → Mauerpark → Gleimtunnel → Gesundbrunnen

In der Bernauer Straße liegt Berlins offizielle Mauergedenkstätte mit Erinnerungsstationen und Resten der Grenzanlagen. Der Weg folgt im Wesentlichen dem einstigen Mauerverlauf.

Start: **Ⓢ Nordbahnhof (S 1, 2, 25; Tram M 10)**
Ziel: **Ⓢ/Ⓤ Gesundbrunnen (S 1, 2, 25, 41, 42; U 8)**
Wann: **bei trockenem Wetter; Dokumentationszentrum Mo geschl.; So Flohmarkt und (meistens) Karaoke im Mauerpark**

Ein kleines Bahnhofsgebäude an der Kreuzung breiter Straßen und rundum spärliche Bebauung: Vor dem Bahnhof endet die Straßenbahnlinie M 10, schräg gegenüber reihen sich moderne gleichförmige Bürobauten der Deutschen Bahn aneinander, dazwischen breitet sich der **Park auf dem Nordbahnhof** aus. Der **Sportplatz ❶** mit Beach-Bar und Hochseilgarten liegt auf dem ehemaligenTodesstreifen, der ursprünglich Bahngelände war. Teile der Grenzanlagen und Mauerreste sind erhalten.

Im Mauerpark

Auch die Bahnhofsmauer entlang der Gartenstraße war in die Grenzsperrung mit einbezogen. An der Kreuzung Garten-/Bernauer Straße war die westliche Welt zu Ende. Der Nordbahnhof dahinter war einer jener Geisterbahnhöfe, an denen U- oder S-Bahnen ohne Halt durchfuhren.

Bilder aus der **Bernauer Straße** gingen um die Welt: 1961 sprangen Bewohner der zum Ostteil gehörenden Häuserzeile aus den oberen Fenstern, während die unteren bereits zugemauert wurden. Später wurden die Häuser abgerissen, um Platz für die Sperranlagen zu haben. Als 1989 endlich die Mauer fiel, sollte sie auch schnell aus dem Stadtbild verschwinden. In der Bernauer Straße blieben Reste erhalten. Hier entstand inzwischen ein Gedenkstättenareal mit Erinnerungsstationen, das sich auf 1,4 km Länge bis zur Schwedter Straße erstreckt.

Die **Gedenkstätte Berliner Mauer ❷** ist ein abstraktes, kontrovers diskutiertes Kunstwerk, das die originalen Sperranlagen integriert. Das **Dokumentationszentrum Berliner Mauer ❸** ergänzt eine Dauerausstellung über »Berlin, 13. August 1961« mit Dokumenten, Fotos, Filmen, Hör- und Lesestationen sowie einem Aussichtsturm mit Blick auf die erhaltenen Sperranlagen. Die **Kapelle der Versöhnung ❹** aus gestampftem Lehm steht an der Stelle, an der 1985 die unzugängliche Versöhnungskirche gesprengt wurde. Im weiteren Verlauf der Bernauer Straße machen originale Relikte, Nachzeichnungen, Fotodokumente, Infostelen und Hörstationen den Grenzverlauf und den Alltag mit der Mauer anschaulich und verweisen auf geglückte und misslungene Fluchtversuche, so an der Strelitzer Straße auf spektakuläre Tunnelfluchten. An der Ruppiner Straße wagte ein DDR-Grenzposten die Flucht über den Stacheldraht und warf im Sprung sein Gewehr weg. Sein Foto ist weltberühmt geworden.

Kapelle der Versöhnung

An der Schwedter und Eberswalder Straße knickte die Mauer nach Norden ab. Auf dem ehemaligen Todesstreifen zwischen vorderer und hinterer Mauer erstreckt sich der **Mauerpark** ❺ bis zur Gleimstraße. Sonntags findet hier ein viel besuchter Flohmarkt statt; ab dem frühen Nachmittag kann sich jeder bei Karaoke versuchen. Östlich an der Böschung ist ein Teilstück der Hinterlandmauer erhalten: Die massiven Schaukeln auf der Höhe erlauben ungewöhnliche Ausblicke; sie gehören zu den diversen Freizeiteinrichtungen. Sportstätten schließen sich an. Die Max-Schmeling-Halle für Großveranstaltungen ist Heimstatt des Handball-Bundesligisten Füchse Berlin. Der Gleimtunnel unter dem Bahngelände war bis 1990 gesperrt. Er ist eine von vier Straßenverbindungen zwischen Prenzlauer Berg und Wedding. Rechts führt die Graunstraße zur **Swinemünder Brücke,** die in manch einem Agententhriller die Glienicker Brücke doubelte.

Im Mauerpark

An der Brunnenstraße liegt der **Volkspark Humboldthain** ❻; die 85 m hohe Humboldthöhe, aus Kriegsschutt aufgeschichtet, kam nach 1945 hinzu. Der Regional- und Fernbahnhof **Gesundbrunnen** ist wichtiger Verkehrsknotenpunkt. Oben thront ein gigantisches modernes Einkaufszentrum, unter den Bahngleisen vermittelt das **Berliner Unterwelten-Museum** Stadtgeschichte aus ungewöhnlicher Perspektive. Hier starten auch Führungen in den Berliner Untergrund durch Bunker und unterirdische Verkehrswege (www.berliner-unterwelten.de).

Tour im Anschluss: 17 (an der Gleimstraße nach rechts bis zur Stargarder Straße)

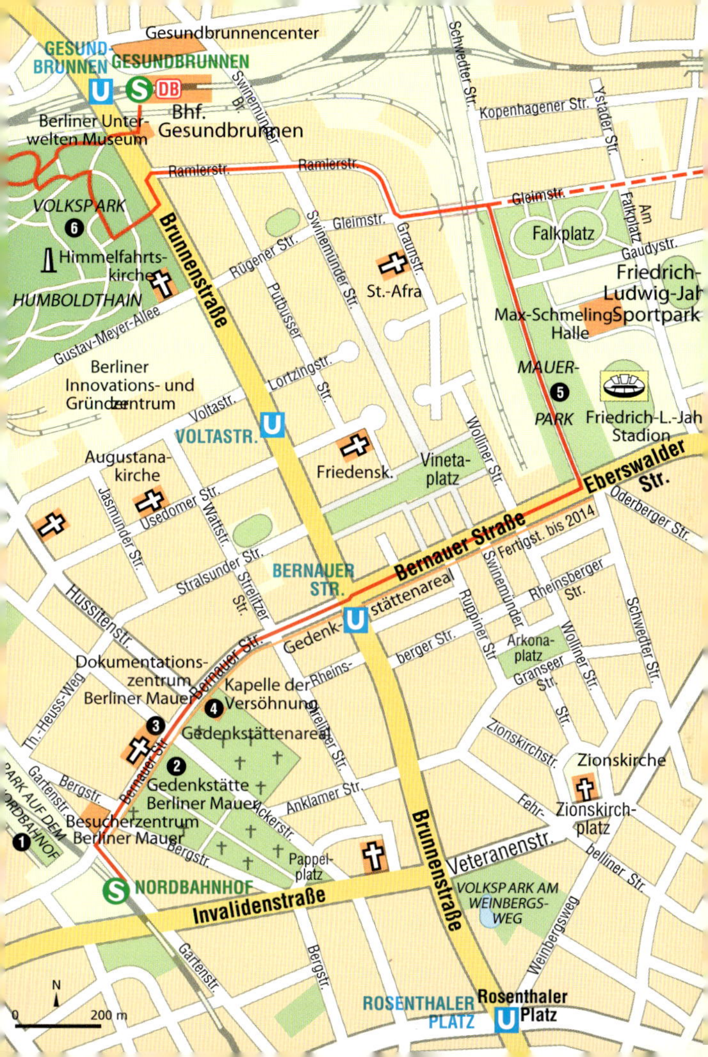

Gesundbrunnencenter
GESUND-BRUNNEN
GESUNDBRUNNEN
DB
Bhf. Gesundbrunnen
Berliner Unterwelten Museum
Swinemünder Br.
Schwedter Str.
Kopenhagener Str.
Ystader Str.
Ramlerstr.
Ramlerstr.
Gleimstr.
Gleimstr.
VOLKSPARK
6
Himmelfahrtskirche
HUMBOLDTHAIN
Brunnenstraße
Rügener Str.
Swinemünder Str.
Graunstr.
St.-Afra
Falkplatz
Am Falkplatz
Gaudystr.
Friedrich-Ludwig-Jahn-Sportpark
Max-Schmeling-Halle
Gustav-Meyer-Allee
Putbusser Str.
Berliner Innovations- und Gründerzentrum
Lortzingstr.
MAUERPARK
5
Friedrich-L.-Jahn-Stadion
Voltastr.
VOLTASTR.
Wolliner Str.
Augustanakirche
Friedensk.
Vinetaplatz
Eberswalder Str.
Jasmunder Str.
Usedomer Str.
Wattstr.
Oderberger Str.
Bernauer Straße
Fertigst. bis 2014
Stralsunder Str.
Strelitzer Str.
BERNAUER STR.
Swinemünder Str.
Hussitenstr.
Gedenkstättenareal
Ruppiner Str.
Rheinsberger Str.
Schwedter Str.
Dokumentationszentrum Berliner Mauer
Bernauer Str.
Rheinsberger Str.
Arkonaplatz
Wolliner Str.
Th.-Heuss-Weg
Kapelle der Versöhnung
4
Granseer Str.
Strelitzer Str.
3
Gedenkstättenareal
Zionskirchstr.
Zionskirche
PARK AUF DEM NORDBAHNHOF
Gartenstr.
Bergstr.
Bernauer Str.
2
Gedenkstätte Berliner Mauer
Ackerstr.
Anklamer Str.
Fehrbelliner Str.
Zionskirchplatz
Besucherzentrum Berliner Mauer
1
Bergstr.
Veteranenstr.
Pappelplatz
Brunnenstraße
NORDBAHNHOF
Invalidenstraße
VOLKSPARK AM WEINBERGSWEG
Weinbergsweg
Gartenstr.
Bergstr.
N
0
200 m
ROSENTHALER PLATZ
Rosenthaler Platz

Tour 17

kurz

Szenetreffpunkt Prenzlauer Berg

Schönhauser Allee → Helmholtzplatz → Kulturbrauerei → Kollwitzplatz → Wasserturm → Wörther Straße → Oderberger Straße → Kastanienallee

Prenzlauer Berg, der Szene- und Ausgehbezirk schlechthin, ist berühmt für sein Nachtleben und bei Touristen wie Partygängern gleichermaßen beliebt. Daneben gibt es viel Kunst und Kultur. Diese lockere Atmosphäre schätzen auch Studenten, Künstler und junge Familien, die deswegen gerne hier leben.

Start: Ⓢ/Ⓤ Schönhauser Allee (S 8, 9, 41, 42; U 2)
Ziel: Ⓤ Eberswalder Straße (U 2)
Wann: am besten an einem lauen Sommerabend beginnen; auch tagsüber lohnend (Öko-/Wochenmarkt am Kollwitzplatz Do 12–19, Sa 9–16 Uhr)

Prenzlauer Berg, Teil des Bezirks Pankow, grenzt nördlich an den Bezirk Mitte. Hier finden sich unzählige Kneipen, Bars, Clubs, Cafés und Restaurants, die im Sommer nahezu alle ihre Stühle auf die Straße stellen. Dann fühlt man sich hier fast wie in Italien. Die **Schönhauser Allee,** über deren Mittelstreifen die U-Bahn als Hochbahn donnert, ist die Einkaufsmeile des Bezirks. Von dem gleichnamigen S-/U-Bahnhof kommend, biegen wir an der ersten Kreuzung links – von rechts mündet die Gleimstraße (s. Tour 11, S. 48) – in die **Stargarder Straße** ein. Schon sieht man die **Gethsemanekirche** ❶ aus märkischem Backstein, 1989 ein Zentrum der DDR-Oppositionsbewegung, die zur friedlichen Revolution und zum Fall der Berliner Mauer führte. Gegenüber, in der Nr. 7, ist die **Kleine Eiszeit** erste Verlockung. Beim Eisschlecken auf einer Bank an der Kirche schweift der Blick über die restaurierten Gründerzeitfassaden des einstigen Arbeiterviertels. Rechts in die Pappelallee geht es zu **Becketts Kopf** (Nr. 64), einer Edelbar (20–4 Uhr).

Kleine Eiszeit

Beliebtester Treffpunkt für die Anwohner im Kiez ist der **Helmholtzplatz ❷**. Rundum finden sich Restaurants und Kneipen, von Tex-Mex bei **Frida Kahlo** (Lychener Str. 37, ❍❍) bis zur japanischen Küche im **Sasaya** (Lychener Straße 50, ❍❍). Südlich des Platzes ist das **Weinstein** (s. Restaurants, S. 137) ein vorzügliches Restaurant. Am östlichen Ende des Platzes blickt man auf das Eckhaus Raumer-/Dunckerstraße: Der Balkon ganz oben war Schauplatz des Kino-Films »Sommer vorm Balkon«.

Folgen wir der Lychener Straße weiter Richtung Südwesten. Jenseits der breiten Danziger Straße liegt rechts die ***Kulturbrauerei ❸**. Auf dem großen Areal einer alten Schultheiß-Brauerei haben sich viele kreative Unternehmen angesiedelt. Außerdem wird viel geboten: Theater, Konzerte, Kino, Ausstellungen, Lesungen und viel Musik. Der Soda Club lädt mit Musik von African über Latin bis Discosound auf fünf Dancefloors zum Tanzen und Feiern ein. Der **Frannz-Club** ist für seine Partys und Live-Musik berühmt; die Küche (❍❍) bleibt bis 4 Uhr morgens warm. Im Sommer ist der Biergarten Anziehungspunkt. Die **Sammlung Industrielle Gestaltung** kündigt die

Kulturbrauerei

Wiedereröffnung des Museums für DDR-Design in der alten Schmiede für 2013 an.

Am südlichen Ausgang folgt der Spaziergang der Sredzkistraße nach links bis zur **Husemannstraße,** die noch zu DDR-Zeiten erste Restaurierungen erlebte. Längst ist die Mehrzahl der einst berüchtigten Mietskasernen im Bezirk saniert. Rund um den **Kollwitzplatz** ❹ (Öko-Wochenmarkt Do 12 bis 19, Sa 9–16 Uhr) drängeln sich wieder die Bars und Restaurants. Beliebt und preisgünstig sind die Brunch-Büfetts am Wochenende, z. B. bei **Istoria** (Kollwitzstr. 64, ❍).

Am Kollwitzplatz

Ecke Kollwitz-/Knaackstraße geht es nach links zum kleinen Park am **Wasserturm** ❺. Die älteste Wasserversorgungsanlage Berlins beherbergt heute Wohnungen; das unterirdische Gewölbe wird gelegentlich für kulturelle Veranstaltungen genutzt. Gegenüber an der Kolmarer Straße gibt das Museum Pankow weiterer Einblicke in die Geschichte des Großbezirks.

In der Belforter Straße liegt linker Hand das charmante Hotel **ackselhaus BERLIN** (s. Hotels, S. 128).

Rechts geht es nun wieder zum Kollwitzplatz, danach zweimal links und durch die Wörther Straße bis zur Schönhauser Allee. Die echten Nachtschwärmer zieht es vermutlich magisch die Schönhauser Allee noch ein Stück nach Norden bis zur **Oderberger Straße.** An deren Kreuzung mit der **Kastanienallee** liegt ein wahres Bermudadreieck zum Absacken – entsprechend viel ist hier auch los. Hier hat sich auch der **Flagshipstore Oderberger** (s. Shopping, S. 141) angesiedelt.

Touren im Anschluss: 4, 16

N
0
200 m
Wichertstr.
Dänenstr.
SCHÖNHAUSER ALLEE
SCHÖNHAUSER ALLEE
Humann-pl.
Gudvanger Str.
Stahlheimer Str.
Dunckerstr.
Gleimstr.
96a
1
Gethsemanek.
Stargarder Str.
Pappelallee
Pfarrk. z. Hl. Fam.
Wichertstr.
Prenzlauer Allee
Gaudystr.
Cantianstr.
Schönhauser Allee
Lychener Str.
Friedrich-Ludwig-Jahn-Sportpark
PRENZLAUER BERG
Schliemannstr.
S
PRENZLAUER ALLEE
Gneiststr.
Raumerstr.
Lettestr.
2
Helmholtz-pl.
Stargarder Str.
Pappelallee
Topsstr.
Zeiss Großplanetarium
Altenheim
MAUERPARK
EBERSWALDER STR.
Lychener Str.
Schliemannstr.
Raumerstr.
Senefelder Str.
Eberswalder Straße
Dunckerstr.
ehem. Eliaskirche
Machmit Mus. für Kinder
Danziger Straße
96a
Stadtbibl.
Oderberger Str.
3
Kulturbrauerei
Hagenauer Str.
Husemannstr.
Kollwitzstr.
Danziger Str.
Kastanienallee
Sredzkistr.
Knaackstr.
Prenzlauer Allee
Stadtbad Oderberger Str.
Schwedter Str.
Choriner Str.
Wörther Str.
4
Wörther Str.
Christburger Str.
Handw.-kammer
Kollwitz-platz
Segensk.
JÜDISCHER FRIEDHOF
Rykestr.
Marienburger Str.
Winsstr.
Diedenhofer Str.
5
Wasserturm
Knaackstr.
Kolmarer Str.
Kollwitzstr.
Museum Pankow
Schwedter Str.
Allee
Belforter Str.
Immanuelkirche
Immanuelkirchstr.
Teutoburger Platz
Senefelderplatz
SENEFELDERPLATZ
Metzer Str.
Prenzlauer Allee
Fehrbelliner Str.
Schönhauser
Heinrich-Roller-Str.
Greifswalder Straße

mittel

Von Borsig zu Humboldt

***Borsig-Tor → Borsig-Turm → Feuerwehrmuseum → Alt-Tegel → Greenwich-Promenade → Tegeler Hafenbrücke → Schloss Tegel → Humboldt-Bibliothek → Alter Hafen**

Der Tegeler See ist eines der beliebtesten Ausflugsziele im Norden Berlins; an seinen Ufern bieten sich viele Freizeitmöglichkeiten. Der Spaziergang beginnt mit einem herausragenden Beispiel Berliner Industriearchitektur und führt zum klassizistischen Schloss.

Start: Ⓤ **Borsigwerke (U6)**
Ziel: Ⓤ **Alt-Tegel (U 6)**
Wann: **bei schönem Wetter jederzeit, Schloss Tegel nur an Sommermontagen zu besichtigen**

Der nördliche U-Bahnausgang »Borsigwerke« liegt fast unmittelbar vor dem neugotischen, denkmalgeschützten ***Borsig-Tor** ❶ an der Berliner Straße. Dahinter nahmen 1898 auf einem riesigen Gelände die Berliner Borsigwerke die Produktion von Lokomotiven auf, die in alle Welt exportiert wurden. Außerdem entstanden Dampfmaschinen, Kessel, Pumpen und Kälteanlagen. 1931 war es mit dem Familienbetrieb zu Ende. Doch bis 1992 blieb das Traditionsunternehmen – unter wechselnden Besitzern schrumpfend – auf dem Gelände ansässig. Heute sind auf dem Gewerbepark Am Borsigturm verschiedene Firmen vertreten (und verhindern den Durchgang zum eins-

Borsig-Tor

tigen Borsighafen). Sie nutzen alte Gebäude oder erbauten neue im harmonierenden Backsteinstil. Markantes Original ist der 65 m hohe **Borsig-Turm** ❷, 1924 als erstes Hochhaus Berlins erbaut. Die Grundmauern einer freistehenden **Werkshalle** ❸ unter einem Schutzdach lassen die gewaltigen Dimensionen erkennen. Eine **Ruine** ❹ demonstriert den Verfall, während zwei östliche Hallen nach denkmalpflegerischer Restaurierung geschickt in das moderne Einkaufs- und Freizeitzentrum **Hallen am Borsig-Turm** ❺ integriert wurden.

Borsig-Turm

An der Ecke Berliner Straße/Veitstraße gibt das **Feuerwehrmuseum** ❻ Einblick in über 100 Jahre Entwicklung der Berliner Feuerwehr (Di–Do 9–16, Fr, Sa 10–14 Uhr).

Die ruhige Treskowstraße führt nach **Alt-Tegel** ❼, dem einstigen Dorfzentrum. Durch die Fußgängerzone mit vielen Straßencafés und Eisläden erreicht man die **Greenwich-Promenade,** an der sich vor allem sonntags die Ausflügler drängeln. Von hier starten zahlreiche Fahrgastschiffe zu kurzen oder langen Rundfahrten auf den Berliner Gewässern. Jogger folgen der Promenade bevorzugt nach links auf die idyllischen Wege am Borsigdamm, der den Borsig-Hafen begrenzt. Das Gros der Spaziergänger zieht es nordwestlich Richtung Großer Malchsee. Sie überqueren die 93 m lange **Tegeler Hafenbrücke,** die ihren volkstümlichen Namen Sechserbrücke dem ursprünglich erhobenen Brückenzoll verdankt.

Greenwich-Promenade

Dicke Marie

Unmittelbar hinter der Brücke wendet sich der Wald- und Uferweg nach links und führt vorbei an Bootshäusern und einem **Denkmal für Hannah Höch** ❽ zum **Freizeitpark Tegel** und zur **Dicken Marie** ❾, dem mit 900 Jahren ältesten Baum Berlins. Von hier kann man die Wanderung durch den Tegeler Forst beliebig weit ausdehnen – unterwegs finden sich Badestellen und Ausflugslokale. Nun geht es in einem weitem Bogen über den Schwarzen Weg und die befahrene Karolinenstraße weiter, oder man kehrt auf dem gleichen Weg bis zur Gabrielenstraße zurück, in die man links einbiegt.

Vor einem Parkplatz an der Straße An der Mühle führt links die Adelheidallee direkt auf das strahlend weiße, 1824 von Schinkel umgestaltete **Schloss Tegel** ❿ zu, das auch als Humboldtschloss bekannt ist. Allerdings sind Schloss und Schlosspark im Privatbesitz der Humboldterben und nur in den Sommermonaten montags mit Führung zugänglich. Viele Details sind im Originalzustand erhalten, darunter ein abgewetzter Ledersessel, auf dem einst Wilhelm von Humboldt saß. Im Schlossgarten gelangt man, vorbei an einer weiteren alten und überaus dicken Eiche, zur Familiengrabstätte, in der neben Wilhelm auch Alexander von Humboldt bestattet wurde.

An Humboldt erinnert auch die **Humboldt-Mühle**, in der die Reha-Klinik Medical ParkBerlin schnelle Heilung verspricht. Ende der 1980er-Jahre entstand am **Alten Hafen** ein neues Stadtviertel mit Wohnungen und Spazierwegen, einer künstlichen Insel, der eindrucksvollen **Humboldt-Bibliothek** ⓫ und einem Humboldt-Denkmal.

Berliner
Heiligensee-
Str.
Karolinenstr.
0
200 m
N
Forst
Schwarzer Weg
Humboldtgrab
10
Humboldtschloss
Dicke Marie
9
An der Malche
Großer
Malchsee
8
Denkmal für
Hannah Höch
Gabrielenstr.
An der Malche
Campestr.
Tegeler Hafen
Tegeler Hafenbrücke
An der Mühle
Waidmanns-
Nordgraben
Humboldt-
bibliothek
11
Karolinen-
steg
Wilhelm-
steg
Alexander-
steg
Karolinenstr.
Bernstorfferstr.
7
Alt Tegel
Medebacher Weg
Greenwich-
promenade
ALT-
TEGEL
Berliner Str.
Treskowstr.
Brunowstr.
Schlieperstr.
Veitstr.
Feuerwehr-
museum
6
Hallen am
Borsig-Turm
5
Ruine
4
Medebacher Weg
Am Borsigturm
Borsig-Turm
2
3
Werkshalle
Am Borsigturm
Borsig-Tor
1
BORSIG-
WERKE
Ernststr.
Berliner
Str.
Buddestr.
Budde-
pl.
TEGEL
Gorkistr.
FRIEDHOF
AM FLIESSTAL
111
E 26
luster
Damm
4
Waidmannsluster Damm /
Hermsdorfer Damm
Reiher-
werder
Hasselwerder
Tegeler See
Borsigdamm
Borsigdamm-
brücke
Borsighafen
TEGEL
Gänsewerder
Sterkrader Str.
Biedenkopfer
Str.
Namslaustr.
Borsigdamm
Neheimer Str.
Bernauer Str.
Bernauer Str.
Billerbecker Weg
Billerbecker Weg
Philippuskirche
Sendener Weg
Kamener Weg
Attendorner Weg
Meschederweg

Tour **19**

mittel

Auf den Spuren des Hauptmanns von Köpenick

Rathaus → Schloss → Kunstgewerbemuseum → Kietz → Altstadt mit Heimatmuseum → Freiheit → Rathaus

Rundgang durch die Altstadt von Köpenick mit dem berühmten Rathaus zum Schloss auf der Schlossinsel (heute Kunstgewerbemuseum) und durch das mittelalterliche Fischerdorf »Kietz« zu Ausflugslokalen am Wasser.

Start: Rathaus Köpenick (ab Ⓢ Köpenick, S 3, mit Tram 68 bis Rathaus; ab Ⓢ Spindlersfeld, S 43, mit Tram 60 bis Schlossplatz)

Ziel: Ⓢ Köpenick

Wann: am schönsten im Sommer, Schloss Mo geschl.

Von wegen »jottwedeh« oder »janz weit draußen«, wie der Berliner sagt: 19 bis 24 Minuten braucht die S-Bahn vom Alexanderplatz zum S-Bahnhof Köpenick, und in weiteren sechs Minuten ist man mit der Tram am Rathaus! Berühmt wurde **Köpenick** durch ein dreistes Gaunerstück. 1906 war es, als der arbeitslose Schuster Wilhelm Voigt in die Uniform eines Hauptmanns schlüpfte, den Bürgermeister verhaften ließ, die Stadtkasse beschlagnahmte – und den Stoff lieferte für Theater, Film und die »Köpenickiade«, die als Straßentheater-Spektakel vor dem mächtigen Backsteinbau zu erleben ist (Mi, Sa 11 Uhr).

Der berühmte Hauptmann

Das Standbild des Hauptmanns vor dem **Rathaus** ❶ ist beliebtes Fotomotiv, im ehemaligen Tresorraum dokumentiert eine kleine Ausstellung das historische Ereignis. Das Treppenhaus ist ebenso sehenswert wie der Rathaus-Hof, der von Juli bis September zur Kulisse des Köpenicker Blues & Jazzfestivals wird. Einen Jazzbrunch gibt es an jedem Sonntag im Ratskeller (❍).

Blues & Jazzfestival

Vor dem Rathaus nach links durch die Straße Alt-Köpenick erreicht man nach wenigen Schritten den **Schlossplatz** mit der kleinsten Brauerei Deutschlands – in einem Kiosk. Geradeaus führt eine Brücke auf die **Schlossinsel** ❷. In dem sanierten ***Barockschloss,** 1677–89 teilweise in den Dahme-Fluss gebaut, zeigt das Kunstgewerbemuseum u. a. ganze Raumausstattungen des 16.–18. Jhs. Höhepunkte sind der über und über mit Stuck dekorierte Wappensaal und das glanzvolle Silber-Büffet aus dem Brandenburgisch-Preußischen Staatsschatz (Mo geschl., im Winter auch Di, Mi). In der Schlosskirche finden oft Konzerte statt. Nach dem Rundgang durch den kleinen Schlosspark kann man im idyllischen Schlosscafé (❍) eine Pause einlegen.

Zurück am Schlossplatz, biegt rechts ein Fußweg zum **Frauentog** ab, einem Nebenarm der Dahme, benannt nach einem Fischzug der Fischersfrauen aus dem Kietz; am Solarpavillon werden Boote vermietet. Ein Denkmal erinnert an Mutter Lustig, die 1835 die erste Lohnwäscherei in Köpenick und damit einen wichtigen Wirtschaftszweig gründete – hier wurde lange Berlins schmutzige Wäsche gewaschen. Verlockend sind die **Köpenicker Seeterrassen** (Müggelheimer Str. 1) direkt am Wasser, mit gutem Kuchen und Kaffeespezialitäten (❍).

Kietz ❸ heißt die nächste Straße (rechts). Ursprünglich bezeichnet das slawische Wort eine Fischersiedlung. Im Köpenicker Kietz sind einige der einstöckigen Fischerhäuser aus dem 18. Jh. erhalten und hübsch restauriert. Ein Stück geradeaus weiter in der Gartenstraße liegt ein Flussbad mit kleinem Sandstrand.

Heimatmuseum

Der Weg zurück führt durch die Gartenstraße und quer über die breite Müggelheimer Straße hinüber zum Alten Markt. In einem Fachwerkhaus von 1665 informiert das **Heimatmuseum** ❹ über die Geschichte des Bezirks (Mo, Fr, Sa geschl.).

Zur Spree gelangt man am Ende der **Spindlergasse** (Restaurant, ❍, und Bootsverleih) sowie am Ende des **Katzengrabens.** Hier überquert die Fußgängerbrücke Katzengrabensteig den Fluss. Mittendrin liegt die große **Baumgarteninsel**, zu der die glücklichen Kleingartenbesitzer (und nur diese) mit dem Ruderboot anreisen.

Wir kehren zurück auf die Freiheit, wie die hier siedelnden Hugenotten ihre Straße nannten. **Freiheit Nr. 15** heißt das Kulturzentrum mit Theater, Partylocation und hinter dem Durchgang zur Spree einem Gartenrestaurant (❍) sowie dem **Veranstaltungsschiff Ars Vivendi.** Unter der Dammbrücke hindurch gelangt man am Dahmeufer, parallel zur Straße Alt-Köpenick, zum schön gestalteten **Luisenhain**, der sich bis zur Langen Brücke erstreckt. Von hier aus kann man eine Schiffstour anschließen oder mit der Tram zum S-Bahnhof Köpenick fahren (für den Anschluss an Tour 20 mit der S-Bahn nach Friedrichshagen).

Tour im Anschluss: 20

N
0
200 m
Wuhl-
heide
DAMM-
VORSTADT
Kaulsdorfer Straße
Am Bahndamm
Mahlsdorfer Straße
KÖPENICK
S
Stellingdamm
Schmausstr.
Borgmannstr.
Gelnitzstr.
Hämmerlingstr.
Cardinalstr.
Seelenbinderstraße
Puchanstr.
Bahnhofstraße
BELLEVUE-
PARK
Friedrichshagener Straße
Salvador-Allende-Straße
Lindenstraße
Platz des
23. April
Alte Spree
Stadttheater
Baumgarten-
insel
Spree
Am Krusenick
St.-Joseph-
Kirche
MENTZEL-
PARK
Freiheit
Nr. 15
Ars
Vivendi
Freiheit
St.-Laurentius-
Kirche
ALTSTADT
Katzen-
graben
Spindlerg.
Heimat-
museum
Rathaus
LUISEN-
HAIN
Alt Köpenick
Alter
Markt
Grünstr.
Wendenschloßstraße
Oberspreestraße
Landjägerstr.
Schloss
Schloss-
kirche
Kietz
Gartenstr.
Kunstgewerbe-
museum
Frauen-
tog
Müggelheimer Straße
Schlossinsel
KIETZ
SALVADOR-
ALLENDE-
VIERTEL I
Salvador-Allende-Straße
Grünauer
Straße
Flußbad
Kulturzentrum
„Krokodil"
Gartenstraße
VOLKS-
PARK
KÖLLNISCHE
VORSTADT
Dahme
Charlotten-
straße
Wendenschloßstraße
1
2
3
4

mittel

Geschichte mit Seeblick

Bölschestraße → Museum im Wasserwerk → Brauerei-Museum → Spreetunnel → Ausflugsgaststätte Rübezahl

Die Bölschestraße und das Nordwestufer des Müggelsees sind die Sehenswürdigkeiten von Friedrichshagen, wo sich ein Stück preußische Geschichte und eine der landschaftlich schönsten Ecken Berlins verbinden.

Start: Ⓢ Friedrichshagen (S 3)
Ziel: Müggelheimer Damm (Bus X 69 bis Ⓢ Köpenick)
Wann: an einem schönen Sommertag; aber auch im Winter reizvoll

Sie kamen aus Böhmen und der Schweiz, aus Sachsen und der Pfalz und suchten in Preußen ein besseres Auskommen: 1753 gründete Friedrich der Große das **Kolonistendorf Friedrichshagen** und ließ 800 Maulbeerbäume anpflanzen, um die Seidenraupenzucht und Seidenspinnerei voranzutreiben. Das lief rund 50 Jahre lang gut, bis zur Einführung der Maschinenspinnerei. Der nächste Aufschwung kam erst nach 1849 mit der Eisenbahn, als aus dem nahen Berlin die Sommerfrischler an den Müggelsee reisten und großbürgerliche Häuser im Zentrum und Villen am See entstanden.

Am Müggelsee

Wenn man aus der S-Bahn kommt, geht man nach rechts und überquert den Fürstenwalder Damm. Hier beginnt die **Bölschestraße:** Die Flanier- und Einkaufsmeile, der

»Kudamm des Ostens«, ist preußisch schnurgerade ausgerichtet und bis zum Müggelseedamm ziemlich genau einen Kilometer lang. Benannt wurde sie nach dem Schriftsteller Wilhelm Bölsche, der mit Bruno Wille 1890 den »Friedrichshagener Dichterkreis« gründete, eine Gruppe von Künstlern und Bohemiens mit großem Einfluss auf die Lebensreformbewegung (»Zurück zur Natur«).

Die ganze Straße steht heute unter Denkmalschutz, einschließlich einiger Maulbeerbäume – wie der vor Hausnummer 63 auf der linken Straßenseite (weitere vor den Hausnummern 121, 126 a, 11). Zur ersten Einkehr lädt das romantische Restaurant Friedrichskeller (Nr. 68) mit Innenhof und Gewölbekeller ein (❍❍). Die Straße erzählt über 200 Jahre Architekturgeschichte. Schön restaurierte einstöckige Häuser in typisch märkischer Bauweise mit Remise im Hinterhofgarten stehen neben Gründerzeithäusern mit Jugendstilelementen, und auch die DDR hat mit Rauputzfassaden und einer flachen Einkaufshalle Spuren hinterlassen.

Christophorus-Kirche

Prächtigstes Haus auf der rechten Seite ist das alte **Rathaus** ❶ (Nr. 87), heute Polizeiwache. Die 1903 geweihte **Christophorus-Kirche** links dominiert auch den quadratischen **Marktplatz** ❷ auf der rechten Straßenseite. Erst seit 2003 steht hier, an der Ecke Am Myliusgarten, ein neues Denkmal für den Ortsgründer Friedrich II. Das ursprüngliche war nach 1945 vom Sockel gestoßen worden.

Zum Reiz der Straße trägt auch der Branchenmix bei: Cafés und Kneipen wechseln mit Boutiquen, Buchläden und jeder Menge Geschäften, die ganz alltägliche Dinge anbieten. Besonders verlockend: **Chocolat – der Schoko-Laden** in der Nr. 6 (auch So 14–17 Uhr).

Wer sich für Industriekultur interessiert, kann am Müggelseedamm in die Tram 60 steigen und zum **Museum im Wasserwerk** ❸ fahren (Müggelseedamm 307, Fr, Sa geschl.). Die Dauerausstellung im alten Schöpfmaschinenhaus informiert über die Entwicklung der Wasserversorgung in Berlin seit 1893.

Wasserwerkmuseum

Oder man überquert gleich den Damm und folgt der Josef-Nawrocki-Straße bis zur ältesten Berliner Brauerei (seit 1869); 2010 wurde das Berliner **Bürgerbräu** ❹ von Radeberger geschluckt. Das große Brauereigebäude liegt direkt an der Müggelspree – hier durchfließt die Spree den See –, und steht erst mal leer. Herrliche Ausblicke über den See bis hin zu den Müggelbergen und zum Müggelturm am gegenüberliegenden Ufer hat man von den Restaurantterrassen am Wasser. Die **Weiße Villa** lockt mit anspruchsvoller Küche (❍❍), im populären **Schrör's am Müggelsee** gibt es Deftiges (❍).

Wenige Schritte weiter führt der **Spreetunnel** ❺ seit 1927 unter der 120 m breiten Müggelspree hindurch ans andere Ufer. Von hier aus kann man auf einem Waldweg 2,5 km lang dem Westufer des Müggelsees bis zur Ausflugsgaststätte **Rübezahl** folgen. Unterwegs gibt es eine Badestelle – schließlich ist der Große Müggelsee Berlins größtes und sauberstes Gewässer. Wem der Weg zu Fuß zu weit ist, kann auch Schiff fahren (über Müggelseeperle und Rübezahl zurück nach Friedrichshagen).

Tour im Anschluss: 19

FRIEDRICHSHAGEN
Fürstenwalder Damm
Am Goldmannpark
Stein-
platz
Lindenallee
Friedrichshagener
Grundschule
Bölsche
Straße
Rathaus
Ahornallee
Physikalisch-
technische
Bundesanstalt
Peter-Hille-Straße
Marktplatz
St. Christophorus
Aßmann-
straße
Scharnweber-
straße
Rahndorfer
Straße
Bruno-Wille-Straße
Werlseestraße
Wasserwerk
Friedrichshagen
FRIEDRICHSHAGEN
Franziskus-
kapelle
Löcknitz-
str.
Müggelseedamm
ehem. Bürgerbräu
Villa
Gladenbeck
Josef-Nawrocki-Straße
Berliner
Wasserbetriebe
Museum im
Wasserwerk
Spree
MÜGGEL-
PARK
Strandbad
Müggelsee
Spreetunnel
(Fußgänger)
Müggelschlösschenweg
Am Müggelsee
Badestelle
Berliner
Stadtforst
Großer
Müggelsee
Chauseehaus
Müggelheimer Damm
Rübezahl
N
0
200 m

mittel

Wannsee: Kunst, Natur und Geschichte

Strandbad Wannsee → Literarisches Colloquium → Kleist-Grab → Liebermann-Villa → Gedenkstätte Haus der Wannseekonferenz → Heckeshorn

Spaziergang durch das vornehme Villenviertel Wannsee im Bezirk Steglitz-Zehlendorf. Die Liebermann-Villa und das Haus der Wannseekonferenz mit ihren Ausstellungen zu unterschiedlichen Themen erlauben auch Einblicke in das großbürgerliche Leben von einst.

Start: Ⓢ Wannsee (S 1, 7)
Ziel: Bushaltestelle Heckeshorn (Bus 114 bis Ⓢ Wannsee; der Spaziergang lässt sich bis zur Pfaueninsel verlängern, s. Tour 24)
Wann: am besten an einem schönen Sommertag

»... und dann nüscht wie raus nach Wannsee«: Wer diesen Schlager der »kleinen Cornelia« von 1951 im Ohr hat, denkt sofort an das traditionelle **Strandbad Wannsee** ❶ mit seinem 1200 m langen und 80 m breiten Sandstrand. Das »größte Binnenbad Europas« lockt an heißen Tagen bis zu 30 000 Besucher an. Hin kommt man zu Fuß von der S-Bahn-Station Nikolassee oder mit dem Bus (216) ab Bahnhof Wannsee bis Wannseebadweg. Schräg gegenüber vom S-Bahnhof Wannsee legen Ausflugsschiffe und die Fähre nach Kladow ab.

Strandbad

Der Spaziergang ab Bahnhof Wannsee beginnt mit einem Blick in die »Villenkolonie

Wannsee«, die ab 1874 für das aufstrebende Großbürgertum Berlin erbaut wurde. Am Sandwerder reihen sich repräsentative Villen in großen Gartenanlagen auf der Haveldüne aneinander. Bei Lesungen und Debatten öffentlich zugänglich ist das **Literarische Colloquium** ❷ (Nr. 5), in dem Literatur-Stipendiaten Wohnungen und Ruhe zum Schreiben finden – so wie einst Carl Zuckmayer hier seinen »Fröhlichen Weinberg« schrieb.

Für Literaturfreunde lohnt ein Abstecher zum **Kleist-Grab** ❸ in der Bismarckstraße. An dieser Stelle am Kleinen Wannsee nahm sich Heinrich von Kleist zusammen mit seiner Geliebten Henriette Vogel 1811 das Leben. Zum 200. Todestag wurde die Grabstätte restauriert. In der Ladenzeile vor dem Bahnhof Wannsee kann man einen Audioguide ausleihen und auf dem eigens angelegten Weg zum Grab, der teilweise am Wasser entlang führt, Dichterworte und Berichte über Kleists Leben und Sterben hören.

An der Königstraße überquert man nun die Wannseebrücke. Der Große Wannsee nördlich ist eine Ausbuchtung in der Havel, die sich unter der Brücke zum Kleinen Wannsee verengt. Die Königstraße führt schnurgerade durch den Ortsteil Wannsee und weiter bis zur Glienicker Brücke, rechts zweigt die Straße Am Großen Wannsee ab. Bevor sie abschüssig wird, hat man eine schöne Aussicht auf den See. Dann verstellen eingezäunte Privatvillen und Wassersportclubs den Blick.

Die »Colonie Alsen« entstand ab 1870 auf Initiative des Bankiers Wilhelm Conrad für die reiche Oberschicht als Sommerresidenz. 1910 ließ sich Max Liebermann hier nieder. Heute

Liebermann-Villa

zeigt die restaurierte **Liebermann-Villa am Wannsee** ❹ eine Ausstellung zu Leben und Wirken des Malers sowie eine Auswahl seiner Werke. Der Garten, in dem man bis ans Wasser flanieren kann, sieht fast genauso aus wie auf vielen seiner Gemälde. Im einstigen Speisezimmer gibt es ein Café, das auch auf der Sommerterrasse serviert.

Das Haus Am Großen Wannsee 56–58, hinter einem hohen Gitter, ist die Gedenkstätte **Haus der Wannseekonferenz** ❺. In der großbürgerlichen Villa fand am 20. 1. 1942 die Konferenz zur so genannten Endlösung der Judenfrage statt. Die Dauerausstellung »Die Wannsee-Konferenz und der Völkermord an den europäischen Juden« dokumentiert Vorgeschichte und Folgen dieser unmenschlichen Entscheidung. Den Mittelpunkt bildet der historische Konferenzraum.

Von links kreuzt die Straße Zum Heckeshorn, die rechts zum Fußweg wird. Auf einem Sockel über dem Heckeshorn thront riesig und schwer die Zinkgussnachbildung des **Flensburger Löwen** ❻. Das Original war preußische Kriegsbeute von der Insel Alsen, wo Dänemark 1864 kapitulierte. Die Colonie Alsen von 1870 und der Löwe erinnern an diesen Sieg der Preußen. Der Blick reicht von hier auf das Wannseebad und (links) bis zum Grunewaldturm. Im Restaurant **Seehase** zu Füßen des Löwen sitzt man nicht nur wunderbar am Wasser, es gibt auch hervorragende Fischspezialitäten und türkische Gerichte (❍❍). Die Bushaltestelle ist nur wenige Schritte entfernt – oder man folgt dem Uferweg (gut 1 Std.) bis zum Fähranleger Pfaueninsel.

Touren im Anschluss: 22, 23

N
0
200 m
Schwanenwerder
Wannseebadweg
Schwanenwerderweg
Strandbad
1
Großer
Wannsee
Landesforstamt
Heckeshorn
Restaurant Seehase
Flensburger Löwe
6
Haus der Wannseekonferenz
5
Zum Heckeshorn
S-Bahn Nikolassee
Kronprinzessinnenweg
4
Liebermann-Villa am Wannsee
Villa Thiede
Wannsee
Am Großen Wannsee
Am Sandwerder
Alemannenstr.
Literarisches Colloquium
2
Nibelungenstr.
Waltharistr.
WANN-SEE
NIKOLASSEE
Wannsee-brücke
WANN-SEE
DB
Königstr.
1
Dreilindenstr.
Glienicker Brücke
Kleinen Wannsee
Kleistgrab
3
Bismarckstr.
Potsdamer Chaussee
Kleiner Wannsee
Am

mittel

Italien in Preußen

Schloss und Park Glienicke → Wirtshaus Moorlake → Blockhaus Nikolskoe → St. Peter und Paul → Fähranleger Pfaueninsel → Schloss Glienicke

Vom »preußischen Arkadien« durch den Schlosspark und am Ufer der Havel entlang bis zum Fähranleger der Pfaueninsel. Unterwegs überrascht ein Stück Russland in Preußen.

Start: **Schloss Glienicke (Bus 316 ab Ⓢ Wannsee)**
Ziel: **Fähranleger Pfaueninsel (Bus 218 bis Ⓢ Wannsee) oder Schloss Glienicke**
Wann: **ein sommerlicher Spaziergang, der bei schönem Wetter auch im Winter Spaß macht**

Der Hauptzugang zum ***Schloss Glienicke** ❶ liegt an der Königstraße. Prinz Carl, ein Sohn von Friedrich Wilhelm III. und Königin Luise, ließ sich von Karl Friedrich Schinkel, dem preußischen Stararchitekten des 19. Jhs., das Landgut Glienicke zu seinem italienischen Traumhaus umbauen. Das Schinkelsche Mobiliar in den farbenprächtig und harmonisch gestalteten Wohnräumen ist Anziehungspunkt im Schloss, einen weiteren bildet das Hofgärtner-Museum, das Gärtner als Künstler würdigt (Di–So, im Winter nur Sa, So, Fei). Was die Gartendenkmalpfleger, die Nachfolger der Hofgärtner, heute leisten, ist an dem zauberhaften Garten rund um das Schloss abzulesen.

Schloss Glienicke

Ursprünglich gestaltete Peter Joseph Lenné die anmutige Anlage mit der Löwenfontäne, Skulpturen, Gartenstaffagen und Bauten wie der Kleinen und der Großen Neugierde nach Entwürfen von Schinkel. Schönster Aussichtpunkt für den Blick über Havel und Jungfernsee auf das Ufer am Neuen Garten ist Schinkels **Casino,** einst Gästehaus mit klassizistischem Marmorsaal.

Schinkels Casino

Im benachbarten romantischen Klosterhof ließ Prinz Carl kostbare Stücke seiner Kunstsammlung, die er auf seinen Italienreisen erworben hatte, verbauen und ausstellen. Einzelne Reliefs oder Bruchstücke zieren die Mauern verschiedener Bauten des Schlossensembles.

Östlich davon liegt die Orangerie. Links führt ein Weg durch das Hirschtor zur Uferpromenade, geradeaus kommt man zum **Hofgärtner- und Maschinenhaus ❷**, 1836 von Ludwig Persius entworfen. Es ist ein herausragendes Beispiel dafür, wie Technik hinter ästhetisch ansprechenden Mauern verborgen wurde, in diesem Fall ein dampfbetriebenes Wasserwerk zur Gartenbewässerung und zum Betrieb der Brunnen und Wasserspiele.

Ein Stück hinter dem Maschinenhaus erreicht man wieder den Uferweg an der Havel. Das **Krughorn ❸** ist ein idealer Aussichtspunkt: Links in der Ferne erhebt sich das Belvedere auf dem Pfingstberg, rechts ist das Schloss auf der Pfaueninsel zu sehen, und am Ufer gegenüber steht am Rand des Schlossparks Sacrow, von Persius nahezu ins Wasser gebaut, die **Heilandskirche ❹**. Bis 1990 war die Kirche im Sperrgebiet nicht zugänglich. Die Grenzverlauf lag inmitten der Havel.

Heilandskirche

Moorlake

Der Weg macht nun eine scharfe Biegung nach rechts und windet sich dann um eine kleine, tief eingeschnittene Bucht. Beim Blick auf das Wirtshaus **Moorlake ❺** (○○) glaubt man sich in ein alpenländisches Idyll versetzt. Dieses Schweizer Haus, ebenfalls von Persius, war einst Prinzliche Unterförsterei und ist seit über 100 Jahren ein beliebtes Ausflugslokal.

Von der Schweiz ist es nicht weit nach Russland, egal ob man zunächst am Ufer der Havel bleibt oder gleich den Waldweg den märkischen Hügel hinauf wählt. Zunächst erreicht man das **Blockhaus Nikolskoe ❻**, 1819 nach russischem Vorbild erbaut als Geschenk Friedrich Wilhelms III. an seine Tochter Charlotte, die mit dem späteren Zaren Nikolaus verheiratet war. Der russische Verwalter richtete hier bald eine Gastwirtschaft ein, und das ist das Blockhaus Nikolskoe heute noch; die Küche ist gut und deutsch, die Aussicht grandios (○○).

Nicht weit entfernt ragt **St. Peter und Paul ❼** mit seiner russischen Zwiebelkuppel aus dem Wald. Der Innenraum, im sachlichen Stil Schinkels von einem seiner Schüler entworfen, ist weitgehend im ursprünglichen Zustand erhalten.

Nach kurzem Abstieg ist der **Fähranleger zur Pfaueninsel ❽** erreicht (s. Tour 25, S. 104). Der Bus 218 fährt von hier zum S-Bahnhof Wannsee, oder man wandert durch den Berliner Forst zurück zum Schloss Glienicke. Dort lockt in der Remise das Restaurant **Lutter & Wegner Remise im Schloss Glienecke** (s. Restaurants, S. 135) mit regionaler Küche, die man natürlich auch schon zu Beginn der Tour genießen kann.

Touren im Anschluss: 21, 23, 24, 25

Sacrower
See
SACROW
Krampnitzer Str.
Kladower Str.
Sacrower
Lanke
Schloss
Sacrow
Heilandskirche
Meedehorn
Havel
Appelhorn
Schweizer
Haus
Schloss
Kastellan-
haus
Fährhaus
Fähranleger
Wirtshaus
Pfaueninsel
Nikolskoer Weg
St. Peter
und Paul
Blockhaus
Nikolskoe
Krughorn
Rettungsstation
Jägerhof
Wirtshaus
Moorlake
Moorlake-
weg
Moorlaker Gestell
Berliner
Jungfern-
see
VOLKSPARK
Haveluferweg
KLEIN-GLIENICKE
Maschinenhaus
KLEIN-GLIENICKE
Alter Königsweg
Forst
Matrosenstation
Kongsnaes
Casino
Schloss
Glienicke
Nikolskoer Weg
Glienicker Brücke
Königstr.
Königstr.
Königstr.
N
0
200 m

mittel

Rundgang auf der *Pfaueninsel

Fähranleger → Kastellanhaus und Schweizer Haus → Schloss Pfaueninsel → Kavalierhaus → Meierei → Luisentempel → Voliere → Rosengarten → Fähranleger

Ob Sommer oder Winter, ob Sonne, Regen, Schnee oder Nebel – der Fährmann hat immer zu tun. Die Pfaueninsel in der Havel ist eines der beliebtesten Ausflugsziele in Berlin, ein Stück vom Paradies am Rande der Großstadt.

Start: **Fähranleger Pfaueninsel (Bus 218 ab/bis Ⓢ Wannsee)**
Ziel: **Fähranleger Pfaueninsel**
Wann: **an einem schönen Tag zu jeder Jahreszeit**

Die 67 Hektar große, unter Naturschutz stehende Insel lässt sich in gut einer Stunde umrunden. Aber auf der **Pfaueninsel** spaziert man nicht zügig und mit festem Ziel, man lustwandelt wie zu königlichen Zeiten und überlässt sich der kunstvollen Wegeführung. Peter Joseph Lenné, der die Pfaueninsel im Auftrag Friedrich Wilhelms III. prägte, hat es verstanden, die Natur in wechselnden Bildern zu inszenieren. Hinter jeder Biegung öffnen sich neue Sichten auf Bauten, Parkarchitekturen und über das Wasser hinweg auf landschaftliche Weiten. Auch Gehölzgruppen, Brunnen und Skulpturen sollen das Auge erfreuen. Sogar die frei lebenden Pfauen sind Teil der Inszenierung, in der zusätzlich noch Rehe, Hasen und Füchse mitspielen und Vögel den musikalischen Part übernehmen.

Zwischen **Fährhaus ❶** und **Kastellanhaus** führt eine Treppe auf eine leichte Anhöhe. Rechts davon liegt der Runde Garten, links erreicht man das **Schweizer Haus ❷**, das Karl Friedrich Schinkel 1829 im romantisierenden Schweizer Stil zur Verklärung des einfachen Landlebens erbaut hat.

Von märchenhafter Romantik ist das weiße **Schloss ❸** am Ufer der Havel. Die aufgemalte Fassadengestaltung erweckt den Eindruck einer Ruine. Ausgerichtet auf das Marmorpalais im Neuen Garten Potsdam schweift der Blick bis nach Glienicke und Sacrow. Das paradiesische Refugium hatte Friedrich Wilhelm II. für sich und seine Geliebte, die Gräfin Lichtenau, schaffen lassen. Sein Nachfolger Friedrich Wilhelm III. und Königin Luise weilten oft im Sommer hier; von Luise sind viele Ausstattungsstücke erhalten, sogar ihre Hüte liegen noch im Schrank.

Prunkvoll ist der Festsaal im Obergeschoss mit originalen Kronleuchtern. Von Südseeträumen zeugt ein Kabinett, das eine Bambushütte imitiert und durch aufgemalte Fenster ebenso gemalte Aussichten auf märkische Schlösser in tropischen Landschaften (im Winter geschlossen) bietet.

Auf der Insel beeindrucken der uralte Eichenbestand und die wechselnde Ufervegetation. Am Hauptweg längs über die Insel kommt bald das **Kavalierhaus ❹** in den Blick. Die gotische Fassade schmückte einst ein Danziger Patrizierhaus. Sie wurde unter Schinkels Aufsicht abgetragen und auf die Pfaueninsel versetzt.

Kavalierhaus

Wie eine verfallene gotische Klosteranlage wurde 1795 die **Meierei ❺** am nördlichen Ende der Insel errichtet, in der dann Friedrich Wilhelm III. Milchkühe im angebauten Stall halten ließ.

Im Erdgeschoss des Turmes lag die Meierwohnung. Im Obergeschoss des kleinen Gebäudes überrascht der mit Malereien und Stuckaturen dekorierte neogotische Saal aus dem späten 18. Jh. (geöffnet an Wochenenden im Winter). Einen kleinen bewirtschafteten Hof gibt es heute noch – und Pferde, die so manche Last über die Insel transportieren.

Meierei

Der **Luisentempel** ❻ am Waldrand wurde zum Gedenken an Königin Luise (gest. 1810) errichtet. Der östliche Uferweg führt an einem Gedenkstein für Johann Kunckel vorbei, einen Alchemisten des Großen Kurfürsten, der 1685–88 in einem Geheimlaboratorium auf der Insel Experimente zur Herstellung von Goldrubin- und anderen Farbgläsern durchführte.

Auf dem sogenannten Stellweg durch die Inselmitte gelangt man zu einer **Voliere** ❼ für Hühnervögel und Fasane. Sie erinnert an die Menagerie Friedrich Wilhelms III. mit exotischen Tieren, die später den Grundstock bildeten für den Berliner Zoo.

Vorbei am Wasservogelteich und der romantischen Anlage um die Fontäne erreicht man wieder den Uferweg. Hier liegen Gewächshäuser und der so genannte Ergänzungsrosengarten, der die Fülle und Vielfalt der Rosensorten auf der Pfaueninsel nach Alter geordnet präsentiert. Der historische **Rosengarten** ❽, der älteste in Preußen, wurde nach Lennés Vorbild rekonstruiert. Er ist ein Juwel der Gartenkunst und steht von Ende Mai bis Anfang Juli in schönster Blüte. Von hier ist man schnell wieder am Fähranleger.

Touren im Abschluss: 21, 22

KLADOW
Sakrower Kirchweg
Quastenhorn
Lüdickeweg
Sakrower Landstr.
Schwemmhorn
Havel
Erdzunge
Kälberwerder
Büffelteich
Meierei
Parschenkessel
Luisentempel
Pfaueninsel
LIEGEWIESE
Kavalierhaus
Voliere
Jagdschirm
Fontäne
Schloss
Schweizer Haus
ROSENGARTEN
Fährhaus
Kastellan-haus
Fähranleger
Uferpromenade
Berliner Forst
Wirtshaus Pfaueninsel
Pfaueninselchaussee
Nikolskoer Weg
von Route 24
N
0
200 m
1
2
3
4
5
6
7
8
P

mittel

Preußens schönster Landschaftsblick

Glienicker Brücke → Klein-Glienicke → Uferweg → Rosentreppe → Schloss Babelsberg → Kleines Schloss → Matrosenhaus → Gerichtslaube → Flatowturm → Havelhaus → Nuthestraße

Der Schlosspark Babelsberg ist ein Meisterwerk der Gartenkunst, mit inszenierter Wegeführung, einem märchenhaften Schloss und herrlichen Aussichten in die von der UNESCO geadelte Potsdam-Berliner Kulturlandschaft.

Start: **Berlin, Glienicker Brücke (Bus 316 ab Ⓢ Wannsee)**
Ziel: **Potsdam, Nuthestraße/Humboldtbrücke (Tram 94 zur Ⓢ Babelsberg)**
Wann: **bei Sonne zu jeder Jahreszeit, am schönsten im Frühling**

Von der **Glienicker Brücke** ❶ hat man den schönsten Blick auf das Schloss Babelsberg, das malerisch am Hang oberhalb der Glienicker Lake thront. Ein ausgeschilderter Wander- und Radweg biegt von der Königstraße rechts ab und führt durch Klein-Glienicke mit dem nicht öffentlich zugänglichen Jagdschloss Glienicke – zu Mauerzeiten eine West-Berliner Enklave, die an der Waldmüllerstraße endete; dann folgten Mauer, Sperrgebiet und die Potsdamer Enklave Klein-Glienicke. Die ist heute mit dem großen Biergarten Bürgershof am Wasser beliebtes Ausflugsziel. An Mauer und Eingeschlossensein erinnern Infotafeln.

Über die Parkbrücke erreicht man den Uferweg am Nordrand des Schlossparks Babelsberg. Man überlässt sich ganz der Wegeführung mit den überraschenden Sichten des englischen Landschaftsgartens, den Peter Joseph Lenné im 19. Jh. angelegt und Hermann Fürst von Pückler Muskau vollendet hatte. Direkt am Wasser liegt das **Dampfmaschinenhaus ❷** von Ludwig Persius, das einem mittelalterlichen Kastell gleicht und zur Bewässerung der Parkanlagen und zum Betrieb der Fontänen diente. In der Saison sprudelt täglich der künstliche Geysir an der **Lennéschen Bucht ❸**. Die romantisch überwachsene Rosentreppe links führt hinauf in den sanft ansteigenden **Pleasureground ❹**, so die Bezeichnung aus der englischen Gartenkunst für kunstvoll arrangierte Blumengärten in unmittelbarer Schlossnähe. Fürst Pückler Muskau nannte sie »Gemächer unter freiem Himmel«. Sie entzücken im Frühjahr und Sommer mit unterschiedlicher Bepflanzung.

Dahinter erhebt sich *__Schloss Babelsberg ❺__, eine neogotische Burganlage nach englischem Vorbild, die nach Plänen Karl Friedrich Schinkels und in der Erweiterung durch Persius 1833/34 und 1845–49 für Prinz Wilhelm, den späteren Kaiser Wilhelm I., und seine Gattin Augusta erbaut wurde. Das Schloss ist wegen Sanierung derzeit nicht zugänglich.

Von einer Parkbank davor schweift der Blick über die zauberhafte Landschaft, über die abfallende Wiese mit ihren Baumgruppen, dem »Bowling Green« englischer Landschaftsgärten, hinweg nach Glienicke und Sacrow.

Durch die vielseitigen Blumen- und Rosengärten geht es wieder hinunter ans Ufer des Tiefen Sees. Im freundlichen Restau-

Kleines Schloss

rant **Kleines Schloss,** früher königliches Gästehaus, kann man Pause machen (○○).

Weiter auf dem Uferweg, im englischen Gartenvokabular »Drive« genannt, fällt der Blick auf die futuristischen Architektur des **Hans-Otto-Theaters** an Potsdams Kulturstandort **Schiffbauergasse** am gegenüberliegenden Ufer.

Mittelalterliche Anmutung haben weitere Gebäude im Park, die von Johann Heinrich Strack zwischen 1853 und 1872 errichtet wurden. Der Weg links führt zum **Matrosenhaus ❻** mit seiner auffallenden Giebelfassade. An der nächsten Weggabelung geht es links zur **Gerichtslaube ❼**, für die Teile des abgebrochenen Alten Berliner Rathauses Verwendung fanden.

Rechts davon erhebt sich der festungsähnliche **Flatowturm ❽**, der Kaiser Wilhelm I. als Rückzugsort diente. Seine restaurierten Wohnräume sind (an Sommerwochenenden) zu besichtigen. Vor allem aber kann man von der Aussichtsplattform (124 Stufen!) einen grandiosen Panoramablick auf die Umgebung genießen. Richtung Westen liegen Marmorpalais und das Belvedere auf dem Pfingstberg in derselben Sichtachse.

Flatowturm

Mit insgesamt 22 km Wegenetz lädt der Park zu weiteren Erkundungen über die Höhen des Babelsberges ein. Kehrt man zurück auf den Uferweg, erreicht man – vorbei am Strandbad Babelsberg – durch das Havelhaus die Straßenbahn an der Nuthestraße.

Touren im Anschluss: 25, 26, 27

N
0
200 m
BERLINER
VORSTADT
Berliner Str.
Glienicker Brücke
1
Schloss Glienicke
Königstr.
Mövenstr.
Böttcher-
berg
Am
Jagdschloss Glienicke
Glienicker Lake
Bürgershof Biergarten
Waldmüllerstr.
2 Dampfmaschinenhaus
Am Großen Umfahrweg
Lanke-
str.
Park-
brücke
Babelsberger Enge
Geysir
Lenné'sche Bucht
Rosentreppe
3
4
5
Schloss Babelsberg
Pleasure-
ground
Kleines Schloss
PARK
Tiefer See
Seestr.
Rembrandtstr.
Ludwig-Richter-Str.
Mühlenweg
Uferweg
Gerichtslaube
7
Matrosenhaus
6
8
Flatowturm
Schwarzes Meer
Siegessäule
Friedrich-
Wilhelm-Höhe
Karl-
Marx-
Str.
Allee nach Glienicke
An der Stern-
warte
Rosa-Luxemburg-Str.
Fitchnerstr.
BABELSBERG
Kulturstandort
Schiffbauergasse
Hans-Otto-
Theater
Strandbad
Babelsberg
Nuthestr.
Havelhaus
Kindermann-
see
Großer
See
BABELSBERG

lang

Potsdam: Neuer Garten

Glienicker Brücke → Schwanenallee → Muschelgrotte → Meierei → Schloss Cecilienhof → Marmorpalais → Orangerie → Gotische Bibliothek

Vom Traumschloss Friedrich Wilhelms II. bis zum Potsdamer Abkommen: Marmorpalais und Cecilienhof heißen die Schlösser im Neuen Garten am Heiligen See.

Start: Glienicker Brücke (Bus 316 ab Ⓢ Wannsee)
Ziel: Portierhaus (Am Neuen Garten/Alleestraße, Bus 603)
Wann: bei schönem Wetter

Von der Glienicker Brücke, Schloss Glienicke im Rücken, schweift der Blick über die Havellandschaft: nach links zum Schloss Babelsberg und dem Dampfmaschinenhaus der Meierei, nach rechts zur Heilandskirche in Sacrow. Am Ortsschild Potsdam geht rechts die **Schwanenallee** ab. Die Villa Schöningen ist ein Deutsch-Deutsches-Museum mit Skulpturengarten und Gartencafé. Die Havel verbreitert sich hier zum Jungfernsee. Am Ufer verweist ein norwegisches Holztor auf die einstige kaiserliche Matrosenstation **Kongsnaes ❶**, Pläne für eine Rekonstruktion des historischen Ensembles mit Hafenanlage und Liegeplatz für die Kopie der Miniaturfregatte »Royal Louise« von 1831 werden noch diskutiert. In den Blockhäusern im norwegischen Stil linker Hand lebten und arbeiteten die Matrosen. An der Schwanenbrücke über den Hasengraben, der den Heiligen See mit dem Jungfernsee verbindet, beginnt der **Neue Garten.** Von der Landenge – im Sommer voll mit Badenden – bietet sich ein herrlicher Blick auf die Potsdam-Berliner Kulturlandschaft, die seit 1990 zum UNESCO-Welterbe gehört.

Links kommt das Marmorpalais ins Bild, rechts reicht die Sicht über die Havel hinweg an der Heilandskirche vorbei bis zum Schloss auf der Pfaueninsel. Derartige Sichtachsen sind das Werk des Gartenkünstlers Peter Joseph Lenné, der ab 1816 dieses Zusammenspiel von Natur und Kunst inszenierte.

Der kürzere Weg zum Schloss Cecilienhof führt links am Ufer des Heiligen Sees entlang, der Weg rechts folgt in längeren Windungen dem Jungfernsee. Dass hier von 1963–90 Grenzgebiet war, in dem alles Wuchernde vernichtet wurde, ist dem rekonstruierten Wegeverlauf und der Neuanpflanzung nicht mehr anzusehen. Wie ein »rohes Werk der Natur« sollte die eigenwillige **Muschelgrotte ❷** wirken, die Friedrich Wilhelm II. ab 1794 als Rückzugsort nutzte. Die **Meierei ❸**, die einst Milch für den Hof lieferte, ist heute ein beliebtes Lokal mit selbst gebrautem Bier und deftiger Küche (○). Feiner speist man im ***Schloss Cecilienhof ❹** (s. Restaurants, S. 136), das z. T. Hotel, zum anderen Museumsschloss ist. Im östlichen Trakt können einige Privaträume des letzten Kronprinzenpaares Wilhelm und Cecilie besichtigt werden. Hauptattraktion im Schloss ist der Konferenzsaal, in dem 1945 die Staatschefs der Siegermächte das Potsdamer Abkommen zur Nachkriegsordnung schlossen. Eine Ausstellung erläutert den historischen Hintergrund.

Schloss Cecilienhof

Auf dem Weg zum Marmorpalais passiert man eine ägyptisch anmutende **Pyramide,** die den Eingang zu einem Eiskeller verdeckte. Der fantasievolle Staffagebau zeugt von der Vorliebe Friedrich Wilhelms II. für Exotisches und die Moderne

Marmorpalais

seiner Zeit. Begeistert von der Antike und inspiriert vom Klassizismus, ließ er das **Marmorpalais** ❺ in seinem Neuen Garten bewusst als Gegenstück zum Rokoko Friedrichs des Großen in Sanssouci schaffen. Die prachtvollen Innenräume des Sommerschlosses, das Friedrich Wilhelm IV. um die beiden Flügelbauten erweitern ließ, wurden nach der Restaurierung mit Möbeln und Kunstwerken aus der Zeit der Bewohner eingerichtet und somit zu einem Kleinod des Frühklassizismus. Von der Terrasse hat man einen schönen Blick über den Heiligen See – links bis zur Pfaueninsel und gegenüber auf die Villen der heutigen Prominenz. Ausgelagert war zu preußischen Zeiten die Schlossküche, die sich, ein paar Stufen tiefer, in einem antiken Tempel verbarg.

Ägyptisch dekoriert ist die Fassade der **Orangerie** ❻. Das anschließende Holländische Etablissement bestand aus Wohnungen für die Dienerschaft, Wirtschaftsgebäuden und Ställen. In den Bauten sind heute Restaurierungswerkstätten der Stiftung Preußische Schlösser und Gärten Berlin-Brandenburg untergebracht. Am Ufer entlang erreicht man die **Gotische Bibliothek** ❼. Der kürzere Weg zum Ausgang und zur nächsten Bushaltestelle führt geradeaus durch das Pförtnerhaus. Im linken Portiershaus gibt es eine kleine Ausstellung.

Touren im Anschluss: 26, 27

N
0 200 m
Riesterhorn
Jungfern-
see
Quapphorn
Meierei
3
Muschelgrotte
2
Eremitage
Schloss
4
Cecilienhof
Gedenkstätte
Potsdamer
Abkommen
Grünes
Haus
NAUENER
VORSTADT
NEUER
GARTEN
Höhenstr.
Bertinistr.
Am Neuen Garten
P
Leistikowstr.
Pyramide
LIEGE-
WIESE
Schwanen-
brücke
Schwanenallee
1
Matrosenstation
Kongsnaes
Glienicker
Brücke
Böcklinstr.
Menzelstr.
Villa Schöningen
Deutsch-Deutsches
Museum
5
Marmorpalais
6
Orangerie
BERLINER
VORSTADT
Heiliger See
Seestr.
Ludwig-Richter-Str.
Mühlenweg
Berliner Str.
Ausgang
Gotische
Bibliothek
7
Am N. Garten
Mangerstr.
Behlert-str.
Hans-Thoma-Str.
1
STADT-
ZENTRUM
Hans-Otto-
Theater
Tiefer See
Kleines Schloss
Gerichtslaube
Matrosenhaus
Strandbad
Babelsberg
Flatowturm

Tour 26

lang

Park Sanssouci – Preußens Glanz

Friedenskirche → **Schloss Sanssouci → Historische Mühle → Orangerie → Chinesisches Haus → Römische Bäder → Schloss Charlottenhof → Neues Palais

Potsdams berühmtestes Schloss am Weinberg thront über dem Park Sanssouci, durch den sich ein 60 km langes Wegenetz zieht. Zwischen Obelisk und Neuem Palais sind gepflegte Parkanlagen, zauberhafte Gärten, Skulpturen und königliche Bauwerke zu entdecken.

Start: **Luisenplatz (ab Potsdam Hauptbhf. Tram 91 – Mo–Fr auch Tram 98 – bis Luisenplatz/Süd sowie Bus 606)**
Ziel: **Bahnhof Park Sanssouci (Regionalbahn)**
Wann: **ganzjährig; schönes Wetter für den Park, Schlossbesuche auch bei Regen**

Grünes Gitter

Am Luisenplatz, gleich hinter dem Brandenburger Tor, beginnt die Allee nach Sanssouci. Das **Grüne Gitter** ist der Haupteingang zum Park, an dem Besucherbetreuer in preußischem Gewand freundlich Auskunft geben und um einen freiwilligen Parkeintritt bitten; die Dankeskarte zeigt auf der Rückseite einen Plan des Parks.

Die Vorlieben zweier Preußenkönige spiegeln sich im Park und den Schlossanlagen: Friedrich dem Großen (1712–86) ist das »friderizianische Rokoko« zu verdanken, Friedrich Wilhelm IV. (1795–1861) schwärmte für alles Italienische. Gleich rechts erhebt sich das italienisch inspirierte Ensemble um die **Friedenskirche ❶**. Nach Westen öffnet sich der bezaubernde **Marlygarten,** von Peter Joseph Lenné als Idealbild des Landschaftsgartens gestaltet, durch den man wieder den Weg »Am Grünen Gitter« erreicht – und schon blickt man auf die einzigartige Terrassenanlage von Schloss Sanssouci. Friedrich der Große ließ sich den Rokokobau von Wenzeslaus von Knobelsdorff als Sommerresidenz erbauen. Die große Fontäne, umgeben von marmornen Allegorien römischer Götter und der Elemente, liegt mitten auf der Hauptallee, die sich schnurgerade vom Obeliskenportal – rechts zu sehen – bis zum Neuen Palais am anderen Ende des Parks erstreckt. Wein und Feigen reifen in den Nischen der Terrassenanlage. Auf der obersten Terrasse rechts außen ist das Grab von Friedrich dem Großen, auf dem fast immer Blumen und Kartoffeln liegen. Der Alte Fritz hatte seinen Untertanen den Anbau der nahrhaften Knolle befohlen.

Der Eingang zum prunkvollen ****Schloss Sanssouci ❷** (Zeitfenstertickets an der Kasse oder unter www.eventim.de), liegt auf der Rückseite im Ehrenhof. Von hier aus blickt man auf den Ruinenberg mit seinen romantischen Architekturfragmenten, wie sie zu Friedrichs Zeiten Mode waren.

Schloss Sanssouci

Einen schönen Eindruck vom Leben abseits der Prunkgemächer gibt die Schlossküche im östlichen Seitenflügel von Sanssouci; der Küchenshop gleich daneben und der Museumsshop im westlichen Damenflügel verführen zum Kauf.

Zwischen der **Historischen Mühle** und dem Besucherzentrum führt ein Weg zum

Chinesisches Haus

Orangerieschloss ❸, das den Traum Friedrich Wilhelms IV. vom preußischen Arkadien verwirklicht. Vom Turm hat man einen wunderbaren Blick auf den Park.

Über die Orangerieterrassen steigt man hinunter, überquert die Maulbeerallee und erreicht wieder die Hauptallee – es lohnt der Abstecher zum verspielten **Chinesischen Haus ❹**, dessen goldener Figurenschmuck die Chinamode des 18. Jhs. spiegelt.

An den **Römischen Bädern ❺** und dem **Schloss Charlottenhof ❻** wird es wieder romantisch italienisch. Beide Bauensembles sind Werke der preußischen Baumeister Karl Friedrich Schinkel und Ludwig Persius. Eine heitere Stimmung verbreiten der Maschinenteich, der Rosengarten, der Dichterhain hinter dem Schloss und das verborgene Hippodrom.

Auf dem weiteren Weg zum Neuen Palais eröffnen sich immer wieder überraschende Sichten auf den Park und seine Bauten. Den imposanten Abschluss des Parks Sanssouci im Westen bildet das **Neue Palais ❼**. Friedrich der Große selbst nannte das Schloss mit seiner üppig dekorierten Fassade, der mächtigen Kuppel und den prächtig ausgestatteten Wohnräumen, Festsälen und einem Schlosstheater »Fanfaronnade« (Angeberei). Zu Friedrichs 300. Geburtstag 2012 wurden restaurierte Räume erstmals zugänglich und die Kolonnade gegenüber zeigt sich komplett saniert. Am Südtor bietet das Besucherzentrum viel Information. Der Weg führt geradeaus weiter zum Regionalbahnhof »Park Sanssouci«.

Neues Palais

Touren im Anschluss: 24, 25, 27

PARK
SANSSOUCI
REHGARTEN
BRANDENBURGER
VORSTADT
RUINENBERG
BORNSTEDTER FRIEDHOF
Bornstedter See
Bornstedter Straße
273
Katzensäule
Voltaireweg
Gregor-Mendel-Str.
Weinbergstr.
Schopenhauer-straße
Besucher-zentrum
Zur Historis. Mühle
Grabstätte Friedrich II.
Schloss Sanssouci
Bilder-galerie
Neptun-grotte
HOLLÄNDISCHER GARTEN
Obelisk
Friedens-teich
MARLYGARTEN
Friedenskirche
Allee nach Sanssouci
Branden-burger Tor
Luisen-Pl.
Gitter
Am Grünen
Standbild Friedrich II.
Ökonomieweg
Zimmerstr.
Zimmer-Platz
straße
Marktcenter
Breite Str.
Zeppelin-
1
Neustädter Havelbucht
N
0
200 m
Bf. Potsdam Charlottenhof
DB
Erlöser-kirche
Feuerbachstr.
Hans-Sachs-Str.
Geschwister-Scholl-Straße
Schafgraben
Maschinen-teich
Germanicus
Römische Bäder
Lennéstr.
Ehemalige Meierei
Ehemalige Teeküche
Chinesisches Haus
Dresdner Fontäne
Frosch-fontäne
Glocken-fontäne
Gr. Fontäne
SIZILIANISCHER GARTEN
Weinberg-terrassen
Neue Kammern
Historische Mühle
NORDISCHER GARTEN
Maulbeerallee
Jubiläums-terrasse
Bogenschütze
Friedrich Wilhelm IV.
Orangerie-schloss
An der Orangerie
Ribbeckstr.
Stibadium (Ruhebank)
PARADIES-GARTEN
Ehe. Hof-gärtnerhaus
Reiterstandbild Friedrich II.
BOTANISCHER GARTEN
Ehemalige Parkoper
Winzerhaus
Drachenhaus
Belvedere
Lindstedter Tor
Kaiser-Friedrich-Str.
Amundsenstr.
Am Neuen Palais
Ehemaliges Gärtner-und Kastellanhaus
Ehem. Hackentheater
Antiken-tempel
Hauptallee
Neues Palais
Freunschafts-tempel
Sonnenlaube
Universität Potsdam
Comuns I
Kolonnade
Comuns II
Schloss-theater
Lindenavenue
Theaterweg
Besucher-zentrum
Friedrich II.
Fasanerie
Hippodrom
DICHTERHAIN
Schloss Charlottenhof
ROSEN-GARTEN
Werderscher Damm
Forst-straße
Bf. Potsdam Park Sanssouci
Ehemalige kaiserliche Post
1
2
3
4
5
6
7

Tour 27

mittel

Von der Garnisonsstadt zum Welterbe

Bahnhof → Alter Markt → Filmmuseum Potsdam → Neuer Markt → Brandenburger Tor → Holländisches Viertel → Russische Kolonie Alexandrowka

Potsdam ist nicht nur Sanssouci: Die Hauptstadt des Bundeslandes Brandenburg, von vielen Berlinern als Vorort Berlins gesehen, ist eine lebendige Stadt voller Geschichte.

Start: **Ⓢ Potsdam (S 7; Regionalbahn)**
Ziel: **Ⓢ Potsdam (S 7; Regionalbahn)**
Wann: **jederzeit; wer shoppen will, nur werktags**

Vom Hauptbahnhof Potsdam kommend nähert man sich dem Stadtzentrum über die **Lange Brücke,** die vor allem breit und verkehrsreich ist. Von der rechten Brückenseite blickt man hinunter auf die **Freundschaftsinsel,** die von der in Neue und Alte Fahrt geteilten Havel umflossen wird. Auf der linken Seite führt am Ende der Langen Brücke eine Treppe hinunter zum **Lustgarten** am Fuße des Mercure-Hochhaus-Hotels und zur Anlegestelle der Ausflugsdampfer.

Vor allem aber zieht – geradeaus – ein gewaltiger Baukörper die Blicke auf sich: Am **Alten Markt** ❶ entsteht bis 2014 der neue Brandenburgische Landtag. Die äußere Gestalt und die Dimensionen entsprechen dem barocken Potsdamer Stadtschloss, dessen Kriegsruine die DDR-Regierung 1960 abreißen ließ. Strahlend schön restauriert ist die von Karl Friedrich Schinkel 1830 erbaute klassizistische **Nikolaikirche,** der 1850 die weithin sichtbare Kuppel aufgesetzt wurde. In 50 m Höhe, auf einem Umgang unterhalb der Kuppel, bieten sich herrliche Aussichten auf Potsdam.

Schräg gegenüber duckt sich das prächtige **Alte Rathaus** von 1753. Hier zeigt nach Abschluss der Umbauarbeiten das Potsdam Museum – Forum für Kunst und Geschichte ab 2013 seine stadtgeschichtlichen Sammlungen.

An der Breiten Straße liegt der original erhaltene Marstall, der seit 1981 das **Filmmuseum Potsdam** ❷ beherbergt (bis 2014 wegen Sanierung geschlossen). Der restaurierte **Kutschstall am Neuen Markt** ❸ zeigt als Haus der Brandenburgisch-Preußischen Geschichte eine Dauerausstellung zum Thema und im angrenzenden Neubau Sonderausstellungen. Zur Stärkung laden im Innenhof des Kutschstallensembles das Bistro-Restaurant **Hammer** (○○) und am Neuen Markt die **Waage** (Nr. 12, ab 12 Uhr, ○○) im historischen Waagegebäude ein. Auffallend ist das **Gebäude Am Neuen Markt 5.** Die Fassade lehnt sich modern abstrahierend an den Vorgängerbau von 1755 an, der einem italienischen Palazzo nachgebildet war. Die Häuser entlang der Siefertstraße harren noch der Restaurierung.

Eine Fußgängerbrücke über den Stadtkanal führt in die **Wilhelm-Staab-Straße** mit ihren restaurierten Barockfassaden. Dahinter entstand vieles neu, so auch der **Nikolaisaal** ❹, ein Konzerthaus mit zeitgemäßer Technik.

Die einstige Garnisonstadt, die König Friedrich Wilhelm I. in der ersten Hälfte des 18. Jhs. für seine Soldaten anlegen ließ, erstreckt sich zwischen Charlottenstraße und Hegelallee, Schopenhauer- und Friedrich-Ebert-Straße. Hier finden sich schön restaurierte neben noch vernachlässigten Häusern und Barockes neben DDR-Historismus.

Brandenburger Tor

Vom **Brandenburger Tor** ❺ zur Kirche **St. Peter und Paul** ❻ führt die Brandenburger Straße, Potsdams Haupteinkaufsmeile mit Dutzenden kleiner Läden, zum Teil um hübsche Innenhöfe, dem prächtig restaurierten **Stadtpalast** (Kaufhaus) sowie vielen Straßencafés.

Am authentischen Ort erinnert die **Gedenkstätte Lindenstraße 54** an zwei Diktaturen: Das einstige Palais war Untersuchungsgefängnis der Nationalsozialisten und später der Staatssicherheit der DDR.

Nördlich der Kirche liegt das **Holländische Viertel** ❼ mit seinen roten Backstein-Giebelhäusern aus dem 18. Jh. Die restaurierten Gebäude beherbergen heute Kunsthandwerksläden sowie Restaurants und Bars. Weitere beliebte Cafés konzentrieren sich am **Nauener Tor.**

Im Holländischen Viertel

Durch das Tor weiter nördlich gelangt man zur **Russischen Kolonie Alexandrowka** ❽ mit ihren 13 Blockhäusern nach russischem Vorbild (1826/27), einer der Denkmalbereiche des Potsdam-Berliner UNESCO-Welterbegebiets.

Mit der Straßenbahn 92 kommt man zurück zum Potsdamer Hauptbahnhof. Oder man setzt den Spazierweg weiter nördlich mit dem Pfingstberg fort, über den man auch in den Neuen Garten (Tour 25) gelangt.

Touren im Anschluss: 25, 26

Pfingstberg
Russ. Kolonie
NAUENER VORSTADT
Marmorpalais
Orangerie
Am Neuen Garten
Weißes Haus
Museum Alexandrowka
Antenne Brandenburg
Russische Kolonie Alexandrowka
Puschkinallee
Am Schragen
Georg-Hermann-Allee
Pappelallee
Ehem. Ruinenberg-Kaserne
JÄGER-VORSTADT
Schlegelstr.
Russ. Kolonie
Allee-str.
Am Neuen Garten
Braunes Haus
Emmaus-haus
Voltaireweg
Gotische Bibliothek
Christuskirche
Hebbel-str.
Behlertstr.
Palais Lichtenau
H.-Lange-Str.
Brentanoweg
Ulanenweg
Jägerallee
Friedrich-Ebert-Str.
Gregor-Mendel-Str.
Kurfürstenstr.
H.-Thoma-Str.
Leiblstr.
Weinberg-str.
Nauener Tor
Holländisches Viertel
Mittelstr.
Benkertstr.
Guttenberg-str.
Schopenhauer-str.
Hegelallee
Obelisk
Friedensteich
Jägertor
Herm.-Elflein-Str.
Guttenbergstr.
Bassinplatz
Gedenkstätte Lindenstraße 54
Am Bassin
St. Peter und Paul
Franz.-K.
Brandenburger Str.
Charlotten-str.
Brandenburger Tor
Lindenstr.
Charlottenstr.
Wilhelm-Galerie
Luisen-Pl.
Obelisk
Nikolai-saal
Willi-Staab-Str.
Platz der Einheit
Post
Berliner
Am Kanal
Zeppelinstr.
Yorck-str.
Marktcenter
Dortustr.
Glockenspiel
Siefertstr.
Fr.-Ebert-Str.
Nikolai-kirche
Am Alten Markt
Burg-str.
Insel-brücke
Freilichtbühne
Alte Fahrt
Kulturhaus
Altes Rathaus Potsdam Museum
Freundschafts-insel
ehem. Militär waisenhs.
Garnison-kirche
Kutsch-stall
Am Neuen Markt
Breite Str.
W.-Seelenb.-Str.
Schloßstr.
Fortunaportal
Film-museum Potsdam
Stadtschloss
Theater-schiff
Ausstellungs-pavillon
Neue Fahrt
Henning-von-Tresckow-Str.
Neustädter Havelbucht
Lange Brücke
LUST-GARTEN
Am Lustgartenwall
Babelsberger Str.
PotsdamCenter Bahnhofspassagen
POTSDAM HBF.
Friedrich-List-Str.
Anlegestelle Ausflugsdampfer
Untere Planitz
Obere Planitz
Hinzenberg
DB
S
Hauptbahnhof
N
0
200 m
1
2
3
4
5
6
7
8

mittel

Sport – Macht – Geschichte

Olympiastadion → Glockenturm → Waldbühne → Corbusier-Haus → Friedhof an der Heerstraße → U-Bahn-Museum

In Berlin erzählen viele Orte von der Vergangenheit, auch das Olympiastadion, das sich zugleich als spektakuläre Arena im weitläufigen Olympiapark präsentiert. Weitere Höhepunkte: ein Architekturdenkmal der 1950er Jahre und ein idyllisch gelegener Friedhof.

Start: **S/U Olympiastadion (S 3, 75; U 2)**
Ziel: **S/U Olympiastadion**
Wann: **jederzeit; Einschränkungen bei Veranstaltungen möglich; jeden 2. Sa im Monat ist das U-Bahn-Museum geöffnet**

Der Stadionrundgang, der erste Teil des Spaziergangs, beginnt und endet am Osttor vor dem **Olympischen Platz ❶**. Im Besucherzentrum (links) erhält man Eintrittskarten, Informationen zum Führungsangebot und kann sich einen Audioguide ausleihen. Seit der Fußball-WM 2006 populär, ist das ***Olympiastadion ❷** in der Rangliste der meist besuchten Sehenswürdigkeiten Berlins weit nach oben geklettert. Das 2004 komplett, aber unauffällig modernisierte Stadion beeindruckt durch die spektakuläre Dachkonstruktion der Architekten Gerkan Marg & Partner und überrascht mit einer blauen Kunststofflaufbahn. Auf ge-

Olympiastadion

führten Touren kann man auch einen Blick in das Allerheiligste wie Spielerkabinen und Ehrentribünen werfen. Unabhängig von Führungen kann man sich auf einen Geschichtslehrpfad begeben. Zahlreiche Infotafeln rund um das Stadion und im weitläufigen Olympiapark geben Auskunft zur Entstehungs- und Nutzungsgeschichte der Sportbauten, zum Skulpturenschmuck und damit zur nationalsozialistischen Bau- und Kunstpolitik.

Das ehemalige Reichssportfeld im Westen Charlottenburgs wurde für die Olympischen Sommerspiele 1936 nach Entwürfen des Architekten Werner March erweitert. Es umfasst neben dem Olympiastation Schwimm-, Hockey- und Reiterstadion, das Maifeld mit Glockenturm, die Waldbühne sowie das Deutsche Sportforum, dessen Einrichtungen bis 1990 von den Britischen Streitkräften genutzt wurden.

Die Eintrittskarte zum Olympiastadion und Olympiapark gilt auch für den **Glockenturm ❸**. In seinem Sockelgeschoss, an das unmittelbar die Maifeld-Tribüne anschließt, informiert eine Dauerausstellung über den »Geschichtsort Olympiagelände 1909–1936–2006« (Mitte März–Mitte Nov. tgl., im Winter an eisfreien Wochenenden). Ein Stockwerk höher, von der Terrasse an der Gedenkstätte Langemarckhalle, und noch besser vom 77 m hohen schlanken Glockenturm (Aufzug) kann man das Stadion und das Maifeld, als Aufmarschgelände für 500 000 Menschen geplant, gut übersehen – und einen Blick auf die **Waldbühne ❹** werfen. Die idyllische Freiluftarena für 22 000 Zuschauer, Berlins beliebteste Open-Air-Bühne, ist nur bei Veranstaltungen zugänglich.

Waldbühne

Durch die Passenheimer Straße und Jesse Owens Allee oder Scottweg erreicht man die massig-kompakte Wohnmaschine des Schweizer Architekten Le Corbusier, ein Architekturdenkmal von 1957. Damals erregte das zur Internationalen Bauausstellung errichtete **Corbusier-Haus** ❺ mit über 500 Wohnungen auf 17 Stockwerken großes Aufsehen.

Corbusier-Haus

Ein Pfad hinter dem Hochhaus führt zu einer Treppe, die in die Heilsberger Allee mündet. Rechts durch die Sensburger Allee geht es bis zum **Georg-Kolbe-Hain** ❻ mit fünf Großskulpturen des Bildhauers. Georg Kolbes nahe gelegenes Atelier und Wohnhaus inmitten eines Kiefernwäldchens wurde zum sehenswerten **Georg-Kolbe-Museum** mit wechselnden Ausstellungen.

Unter der S-Bahn-Brücke hindurch gelangt man zu einem Hintereingang des **Friedhofs Heerstraße** ❼. Hier ruhen zahlreiche Prominente, darunter Georg Kolbe, George Grosz, Joachim Ringelnatz und der Schauspieler Horst Buchholz. Besonders idyllisch ist die Anlage von 1924 rund um den Sausuhlensee. Von dieser Senke aus steigen die Grabreihen terrassenförmig an.

Friedhof (Heerstr.)

Vom Haupteingang des Friedhofs an der Trakehner Allee ist es nicht weit zur U-Bahn Olympiastadion. Wer am 2. Samstag im Monat unterwegs ist, kann noch das **U-Bahn-Museum** im Stellwerk des U-Bahnhofs besichtigen. Einige der Exponate aus der über 100-jährigen Geschichte der Berliner U-Bahn darf man bedienen.

Touren im Anschluss: 29, 30

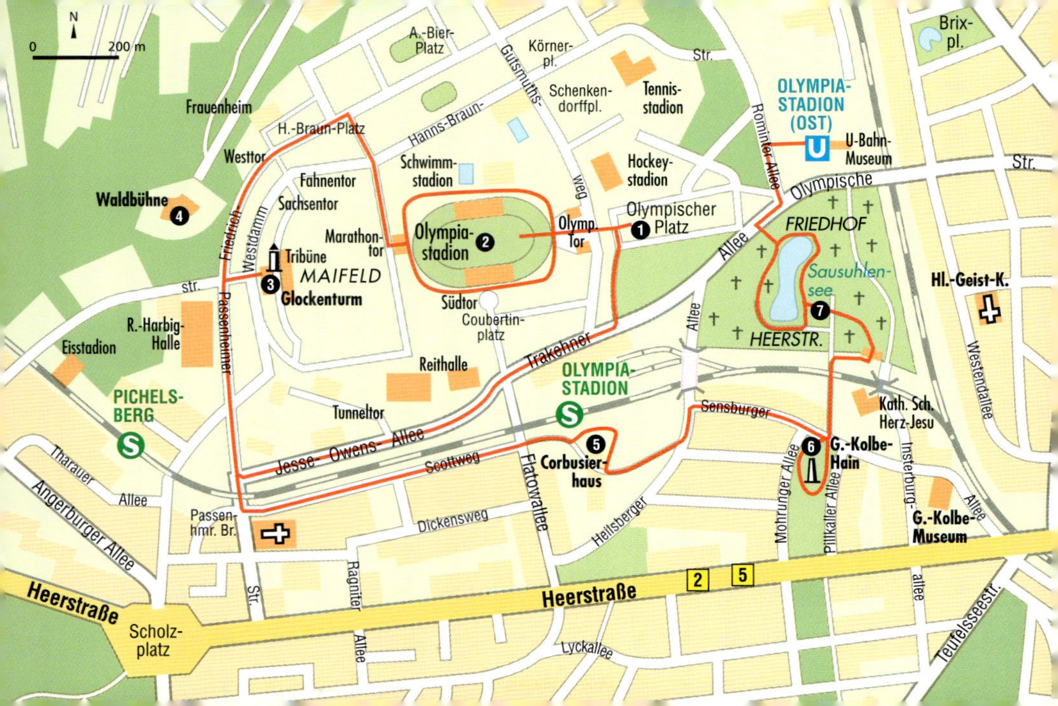
N
0
200 m
A.-Bier-Platz
Körner-pl.
Gutsmuths-weg
Str.
Schenken-dorffpl.
Tennis-stadion
OLYMPIA-STADION (OST)
U-Bahn-Museum
Brix-pl.
Frauenheim
H.-Braun-Platz
Hanns-Braun-
Schwimm-stadion
Hockey-stadion
Rominter Allee
Olympische Allee
Str.
Westtor
Fahnentor
Sachsentor
Waldbühne 4
Friedrich-Friesen-Allee
Westdamm
Marathon-tor
Olympia-stadion 2
Olymp. Tor
Olympischer Platz 1
FRIEDHOF
Tribüne
MAIFELD
3 Glockenturm
Südtor
Coubertin-platz
Sausuhlen-see
7
HEERSTR.
Hl.-Geist-K.
Str.
R.-Harbig-Halle
Eisstadion
Passenheimer
Reithalle
Trakehner
OLYMPIA-STADION
Allee
Westendallee
PICHELS-BERG
Tunneltor
Sensburger
Kath. Sch. Herz-Jesu
Jesse-Owens-Allee
Scottweg
5 Corbusier-haus
6 G.-Kolbe-Hain
Mohrunger Allee
Pillkaller Allee
Insterburg-allee
G.-Kolbe-Museum
Allee
Tharauer Allee
Angerburger Allee
Passen-hmr. Br.
Dickensweg
Flatowallee
Heilsberger
Ragniter Allee
2
5
Heerstraße
Heerstraße
Scholz-platz
Lyckallee
Teufelsseestr.

Tour 29

Teufelssee und Teufelsberg: 115 m Schutt

lang

S-Bahnhof Grunewald → Waldmuseum → Teufelssee → Teufelsberg → Teufelsseechaussee (bis S-Bahn Heerstraße oder) → Alte Allee → Eichkampstraße → Grunewald

Typisch Berlin: Natürlich kann man einfach nur durch den Grunewald, das größte innerstädtische Waldgebiet, streifen und einen Aussichtsberg erklimmen, man kann aber auch am Wegesrand eine Fülle an Wissenswertem erfahren: Waldmuseum und Ökowerk klären über unterschiedliche naturnahe Themen auf.

Start: Ⓢ Grunewald (S 7)
Ziel: Ⓢ Grunewald (S 7) oder Ⓢ Heerstraße (S 5)
Wann: an trockenen Tagen zu allen Jahreszeiten

Ausgangspunkt ist der S-Bahnhof Grunewald, seit 1899 ein Eingangstor in die Welt der Reichen. Die Villenkolonie aus der Kaiserzeit, in der auch heute viel Prominenz residiert – in der Nachbarschaft liegt auch das romantische **Schlosshotel im Grunewald** (s. Hotels, S. 131) –, lassen wir jedoch hinter uns liegen und nehmen die Unterführung unter der Avus, der Stadtautobahn, hindurch zur Eichkampstraße.

Mahnmal »Gleis 17«

Im Durchgang führt eine Treppe zum **»Gleis 17« ❶**: Von hier aus wurden während der NS-Herrschaft zwischen 1941 und 1945 fast 40 000 Menschen deportiert. Das Mahnmal »Gleis 17« benennt auf einer langen Reihe von Stahlgussplatten entlang der

Bahnsteigkante in chronologischer Reihenfolge die Transporte vom Bahnhof Grunewald mit Datum, Anzahl der deportierten Menschen und Bestimmungsort.

Jenseits der Avus lädt die **Waldklause** (❍) am Schmetterlingsplatz (Eichkampstraße 156) zur Stärkung ein. Schon nach wenigen Minuten über den Schildhornweg biegt man vor der Revierförsterei Eichkamp nach links ab zum **Waldmuseum mit Waldschule ❷**. Die bunte Sammlung in dem Landhaus, vieles davon zum Anfassen, bringt Kindern die Lebensgemeinschaft Wald mit ihren Tieren und Pflanzen näher und hält auch für Erwachsene manche Überraschung bereit. Stark gefragt sind die geführten Nachtwanderungen (die Termine erfahren Sie unter Tel. 813 34 42).

Nächstes Ziel ist der **Teufelssee ❸**, ein Überrest aus der Eiszeit, der sich in einer Schmelzwasserrinne gebildet hat. An heißen Tagen lockt der idyllisch gelegene Badesee – einer der kleinsten, aber tiefsten Berlins – mit seinem kalten Wasser viele Badelustige an, darunter vor allem die FKK-Anhänger. Dann wird es eng auf der kleinen Liegewiese am Südufer.

Ein Stück kann man am See entlang laufen, dann macht der Weg eine größeren Bogen, kreuzt die Alte Spandauer Poststraße, umrundet das unter Naturschutz stehende Teufelsfenn, eines der Grunewaldmoore, und führt zum ältesten Wasserwerk Berlins. Hier hat sich das **Naturschutzzentrum Ökowerk ❹** eingerichtet. Sehenswert ist die Informationsschau »Wasserleben«.

Am Ökowerk beginnt die Teufelsseechaussee. Nur wenige Schritte hinter dem Parkplatz führt ein asphaltierter Weg hinauf auf den **Teufelsberg** ❺. Die steilen Kurven sind eine echte Herausforderung für Skateboardfahrer, die hier auch sportliche Rennen austragen. Der künstliche Teufelsberg, 115 m hoch, entstand durch die Anhäufung von Trümmerschutt des Zweiten Weltkriegs. Darunter wurde das Fundament der von Albert Speer geplanten »wehrtechnischen Fakultät« begraben. Während des Kalten Krieges betrieb die National Security Agency (NSA) der US-Army auf dem Gipfel eine **Abhöranlage**, deren Überreste noch erhalten sind. Offiziell umrunden kann man das abgesperrte Gelände nicht, aber man kann sich einen Weg bahnen, um die unterschiedlichen Aussichten zu genießen – Richtung Westen auf die Havellandschaft, im Osten auf die weit entfernt erscheinende Stadtsilhouette. Rundum kann man verschiedene Freizeitaktivitäten beobachten oder ausüben: Klettern am Kletterfels, Querfeldein-Mountainbiken, Drachensteigen im Herbst, Rodeln und Skifahren im Winter, Joggen und Spazierengehen zu jeder Jahreszeit.

Über mehrere Windungen steigt man wieder hinab zur Teufelsseechaussee, die Richtung Norden zur S-Bahn Heerstraße führt. Unser Weg folgt der Alten Allee an mehreren Sportanlagen vorbei und durch die ruhige Eichkampsiedlung zurück zum S-Bahnhof Grunewald.

Übrigens: Bei diesem und all den anderen Waldspaziergängen in Berlin gilt es, die Dämmerung zu meiden – in der Großstadt sind massenweise Wildschweinherden (und Füchse) unterwegs!

Tour im Anschluss: 28

N
0
200 m
Skihang
5 Teufelsberg
Berliner Forst
S-Bahn Heerstraße
Sportplatz Eichkamp
KOLONIE BUCHEN-WEG
Sportplatz Kühler Weg
Kühler Weg
Alte Allee
EICHKAMP
Teufelsseechaussee
Teufelsfenn NSG
Ökowerk Teufelssee
4
Teufelssee
3
Neuer Schildhornweg
Dauerwaldweg
Im Hornisgrund
Schildhornweg
Revierförsterei Eichkamp
Schmetter-lingspl.
Avus
chaussee
Verbindungs-
2 Waldmuseum
Pappel-platz
Eichkampstr.
Mahnmal Gleis 17 1
GRUNEWALD
Teltower Weg

mittel

Spandau – willkommen im Mittelalter

***Zitadelle → Kolk → St. Nikolai → Markt → Kunstremise → Gotisches Haus → Lindenufer → Galerie Spandow → Rathaus**

Spandau feierte 2012 sein 780. Stadtjubiläum und ist damit älter als Berlin – worauf die Spandauer mächtig stolz sind. Mit Zitadelle und Kolk verfügt Spandau über bedeutende Zeugnisse aus dem Mittelalter – und in der Altstadt über die größte Fußgängerzone Berlins.

Start: **Ⓤ Zitadelle (U 7)**
Ziel: **Ⓢ Spandau (S 5; Regionalbahn)/ Ⓤ Rathaus Spandau (U 7)**
Wann: **das ganze Jahr über bei gutem Wetter; Havelländischer Land- und Bauernmarkt im Sommer (Mo, Di, Do Fr 9–19 Uhr), berühmt ist der Weihnachtsmarkt**

Ausgangspunkt ist die ***Zitadelle Spandau ❶**, eine der bedeutendsten Renaissancefestungen Europas, die man über eine Zugbrücke ereicht. Wer entdeckungsfreudig oder an einem Tag mit Veranstaltungsprogramm unterwegs ist, kann sich lange hier aufhalten. Reste einer slawischen Befestigungsanlage stammen aus der Zeit um 1050. Rund 500 Jahre später ließ Kurfürst Joachim II. die Festung erbauen, die 1564 fertig gestellt wurde. Die Zitadelle war Burg, Festung, Gefängnis, Tresor für den Reichskriegsschatz und im Zweiten Weltkrieg La-

Zitadelle

ger für chemische Kampfstoffe – bis sie Anfang der 1990er-Jahre zum Kulturzentrum wurde.

Die Dauerausstellung im Kommandantenhaus berichtet »Aus der Geschichte der Burg und der Zitadelle Spandau«. Vom Juliusturm blickt man aus 30 m Höhe in die Havellandschaft. Das ehemalige Zeughaus beherbergt das Stadtgeschichtliche Museum. In der Bastion Königin kann man (nach Anmeldung) jüdische Grabsteine aus dem Mittelalter sehen. Ateliers und Werkstätten für Künstler, Kunsthandwerker und ein Puppentheater befinden sich im Haus 4. Weitere Räume werden für wechselnde Ausstellungen und Konzerte genutzt. Im Zitadellenhof werden regelmäßig große Feste gefeiert und die mittelalterliche **Zitadellen Schänke** (s. Restaurants, S. 137) verspricht rustikale Tafelfreuden. Eine besondere Attraktion sind die Fledermausführungen (www.bat-ev.de, Tel. 36 75 00 61): 10 000 heimische Exemplare nutzen die Zitadelle alljährlich als Winterquartier. Den ganzen Sommer über bespielt das »Citadel Music Festival« das Freigelände. In der **Freilichtbühne ❷** gibt es Veranstaltungen für Familien.

Von der Juliusturmbrücke blickt man auf die Schleuse Spandau, die den Höhenunterschied zwischen der Unterhavel und der Oberhavel überwindet. Gleich hinter der Brücke führt eine Treppe hinunter in den ***Kolk ❸**, Spandaus ältesten Stadtteil. In der privat restaurierten St. Marienkirche finden oft Lesungen und Konzerte statt. Kolk, Behnitz und Möllentordamm heißen die Gassen im einstigen Fischerkiez mit niedrigen Fachwerkhäusern aus dem 18. und Mietshäusern aus dem 19. Jh. Die Reste der Stadtmauer am Hohen Steinweg stammen aus dem 14. Jh.

Im Kolk

Südlich der Straße Am Juliusturm liegt die **Altstadt Spandau,** die zum größten Teil Fußgängerzone ist. Die Einkaufsmeile Carl-Schurz-Straße kreuzt den Reformationsplatz mit der **St. Nikolai-Kirche ❹**, in der sich 1539 Kurfürst Joachim II. (sein Standbild steht davor) zum lutherischen Glauben bekannte. Gegenüber blickt man im **Archäologischen Keller** (Am Reformationsplatz 3–4 und an der Mönchstraße) durch Glasscheiben auf Fundamente eines Dominikaner-Klosters und Grabfunde (13.–15. Jh.).

In der Altstadt

Am **Markt** geht es erst nach rechts in die Moritz- und dann nach links in die Jüdenstraße, die auf das Viktoria-Ufer trifft. Im spitzen Winkel befindet sich hinter weiteren Resten der Stadtmauer die **Kunstremise ❺**, in der Künstler und Kunsthandwerker ihre Arbeiten anbieten (Mo–Fr 14–18 Uhr).

Zurück über den Markt, ist das **Gotische Haus** in der Breiten Straße 32 einen Besuch wert. Der unverputzte Teil stammt aus dem 15. Jh. Historische Mauern sind im Keller freigelegt, das Obergeschoss beherbergt Ausstellungsräume, ebenerdig gibt die Spandau-Information touristische Auskunft.

Nach einem Abstecher zum **Lindenufer,** wo Spree und Havel zusammenfließen, geht es durch den schmucken Handwerkerhof der **Galerie Spandow** (s. Shopping, S. 142) zurück zum Markt, wo im Dezember die Lichter des Weihnachtsmarktes erstrahlen. Ein Havelländischer Land- und Bauernmarkt findet im Sommer statt (Mo, Di, Do Fr 9–19 Uhr). Durch die Carl-Schurz-Straße sind es nur wenige Schritte bis zum imposanten **Rathaus Spandau ❻** von 1913, mit der U-Bahn unmittelbar davor.

Touren im Anschluss: 28, 29

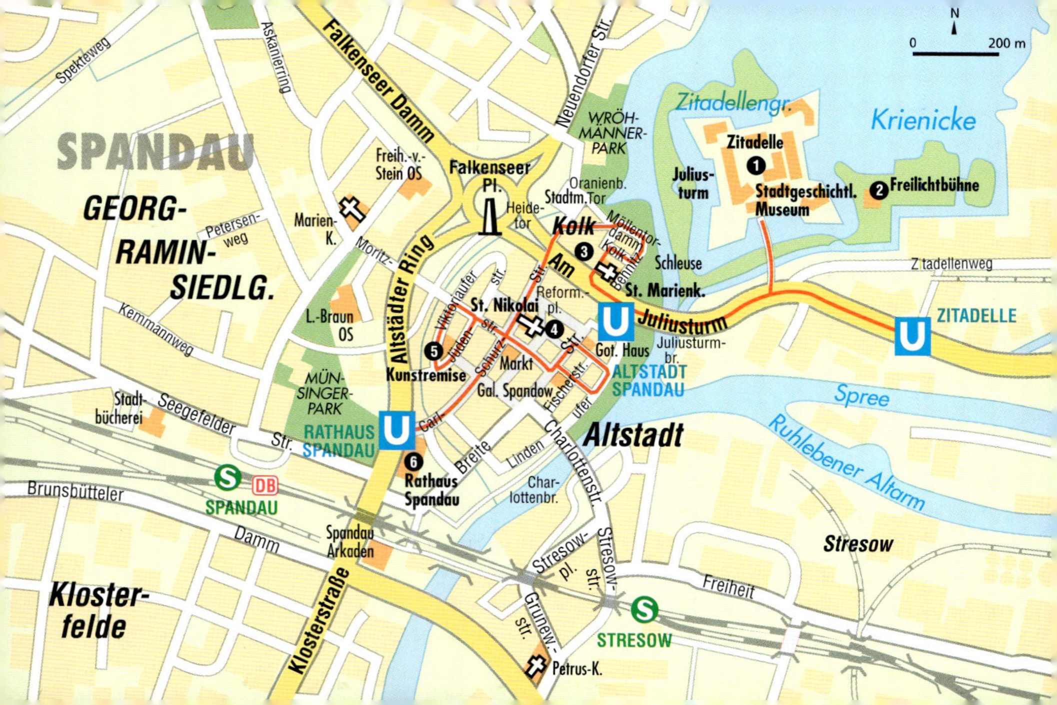

SPANDAU
GEORG-RAMIN-SIEDLG.
Klosterfelde
Altstadt
Stresow
Krienicke
Zitadellengr.
Zitadelle
1
Juliusturm
Stadtgeschichtl. Museum
2 Freilichtbühne
0
200 m
N
Spekteweg
Askanierring
Falkenseer Damm
Neuendorfer Str.
WRÖHMÄNNER-PARK
Falkenseer Pl.
Heidetor
Oranienb. Stadtm.Tor
Kolk
Möllentordamm
3
Schleuse
St. Marienk.
Am Juliusturm
Zitadellenweg
ZITADELLE
Juliusturmbr.
Reform.-pl.
St. Nikolai
4
Got. Haus
ALTSTADT SPANDAU
Spree
Ruhlebener Altarm
Freih.-v.-Stein OS
Marien-K.
Moritz-
Petersenweg
Kemmannweg
L.-Braun OS
Altstädter Ring
Viktoriaufer
Jüden-str.
5
Kunstremise
Schurz-str.
Markt
Gal. Spandow
Fischerstr.
ufer
Carl-
MÜNSINGER-PARK
RATHAUS SPANDAU
Stadtbücherei
Seegefelder Str.
6
Rathaus Spandau
Breite
Linden
Charlottenstr.
Charlottenbr.
SPANDAU
DB
Brunsbütteler Damm
Spandau Arkaden
Klosterstraße
Stresowpl.
Stresowstr.
Grunew.-str.
Petrus-K.
STRESOW
Freiheit

Das Hotelangebot ist riesig – und wird immer größer. Meist ist auch kurzfristig ein Zimmer zu bekommen, vorausgesetzt, es findet nicht gerade ein Großereignis statt, wie die Internationale Tourismusbörse oder die Internationale Funkausstellung. Gerade Wochenendbesucher sollten nach Pauschalangeboten und Sonderpreisen fragen bzw. im Internet suchen.

ackselhaus BERLIN (Prenzlauer Berg)

Belforter Str. 21, Tel. 44 33 76 33, www.ackselhaus.de, ○○–○○○

Eine Mietskaserne in Prenzlauer Berg verwandelte sich nach sorgfältiger Restaurierung in ein schickes Apartment-Hotel: Die ursprünglichen Wohnungen bestimmen den Grundriss der Themen-Zimmer (Italien, Marine, Savanne etc.). Zauberhaft ist der kleine, begrünte Innenhof. Der Club del Mar ist charmanter Frühstückssalon, am offenen Kamin kann man sich das Meer dazu träumen.

Adlon Kempinski (Mitte)
Unter den Linden 77,
Tel. 22 61-0,
www.hotel-adlon.de, ❍❍❍

Der Klassiker unter den Top-Hotels in Berlin: Das legendäre Adlon aus der Kaiserzeit ist am Brandenburger Tor wiedererstanden – äußerlich in den historischen Dimensionen, im Innern mit prachtvollem Entree, Ballsälen, Spa und Pool. Genießer schwärmen vom Gourmet-Restaurant Lorenz-Adlon-Esszimmer. Schön sitzt man auch im Terrassen-Cafe Quarrée direkt am Pariser Platz.

Die Fabrik (Kreuzberg)
Schlesische Str. 18, Tel. 611 71 16,
617 51 04, www.diefabrik.com, ❍

Eine Fabrik eben: steile Treppen, lange Flure, hohe Räume, große Fenster. Die Unterkunft in 1–7-Bett-Zimmern ist hell und schlicht, Duschen und WC befinden sich auf den Etagen. Garten im Hof.

Grand Hyatt Berlin (Tiergarten)
Marlene-Dietrich-Platz 2, Tel. 25 53 12 34,
www.berlin.grand.hyatt.de, ❍❍❍

Schöner wohnen am Potsdamer Platz: Das Innenleben überrascht mit kühnem Design und zeitgenössischer Kunst, perfekt gestylt bis hin zum Blumenarrangement. Die luxuriösen Zimmer haben große Bäder. Vom Spa im Dachgeschoss genießt man den Blick über den Potsdamer Platz, in der Showküche des Restaurants Vox werden kreative Gerichte gezaubert.

Honigmond Garden Hotel (Mitte)
Invalidenstr. 122, Tel. 28 44 55 77, www.honigmond.de, ❍❍
Die liebevoll restaurierten, farbenfroh gestalteten Räume liegen zum idyllischen Hofgarten, einige auch in der Remise, den Garten vor der Tür. Will man hier weg? Falls doch: Zu Sightseeing und Nachtleben ist es nicht weit.

Hotel de Rome (Mitte)
Behrenstr. 37, Tel. 460 60 90, Reservierung Tel. 1805–12 33 70, www.hotelderome.com, ❍❍❍
Was begeistert mehr: Der einzigartige Blick von der Dachterrasse über die historische Mitte Berlins oder das Eintauchen in den golden schimmernden Pool? Das Luxushotel war Hauptquartier der Dresdner Bank. Spa und Pool nehmen den einstigen Tresorraum ein, die Suiten wurden auf der Vorstandsetage eingerichtet. Der Stil ist klassisch-streng, harmonisch vereint mit edlem Design.

Mövenpick Hotel Berlin (Kreuzberg)
Schöneberger Str. 3, Tel. 23 00 60, www.moevenpick-hotels.com, ❍❍
Im »Siemenshaus« von 1914 wurden viele Details der industriellen Vergangenheit bewahrt. Die unterschiedlichen Zimmer sind modern

gestaltet. Das Dach über dem mediterranen Restaurant Hof 2 lässt sich im Sommer öffnen. Die trendige Bar ist beliebter Treffpunkt, der Potsdamer Platz nicht weit entfernt.

Hotel Riehmers Hofgarten (Kreuzberg)
Yorckstr. 83, Tel. 78 09 88 00, www.riehmers-hofgarten.de, ❍❍
Der Name steht für den Standort: Das Haus in zentraler Lage bewahrt den Charme der Berliner Gründerzeit, belebt durch Kunst der 1990er-Jahre. Das hervorragende Restaurant e.t.a. hoffmann (❍❍❍) gehört zum Haus.

Schlosshotel im Grunewald (Wilmersdorf)
Brahmsstr. 10, Tel. 89 58 40, www.schlosshotelberlin.com, ❍❍❍
Der Modezar Karl Lagerfeld gab dem Haus den mondänen Schliff. Das einstige Adelspalais ist beliebt bei Reisenden, die eine Oase der Ruhe suchen und sich verwöhnen lassen wollen. Weitere Pluspunkte: gepflegter Park, Wellness-Bereich mit Pool und das Gourmetrestaurant Vivaldi.

The Westin Grand (Mitte)
Friedrichstr. 158–164, Tel. 2 02 70, www.westin.de/Berlin, ❍❍❍
Die große Freitreppe im Foyer ist geradezu gemacht für glamouröse Auftritte. Die Zimmer sind historisch prunkvoll oder sachlich-kühl eingerichtet, die Suiten bieten Büroausstattung oder ein privates Spa.

Die Zahl der Restaurants, Imbisse, Cafés, Kneipen und Bars in der Hauptstadt ist unüberschaubar, und täglich ändert sich die Szene. In Berlin können Sie in allen Küchen dieser Welt schwelgen – egal ob vietnamesisch oder russisch, ob norwegisch oder libanesisch, ob thailändisch oder australisch. Ungeheuer vielfältig ist die Imbisskultur – neben der berühmten Currywurst und dem inzwischen überall verbreiteten Döner finden sich auch Sushi, Schawarma oder Falafel ... In den Spitzenrestaurants sollten Sie allerdings unbedingt vorher reservieren.

Café-Restaurant »Wintergarten« (Wilmersdorf, Tour 9, Seite 41)
Literaturhaus, Fasanenstr. 23, Tel. 882 54 14, ○–○○
Ob in den Kaffeehausstuben, im anheimelnden Wintergarten oder im wunderschönen Garten: Hier bleibt man gerne länger sitzen. Anre-

gung zu Gesprächen geben viele Veranstaltungen im Literaturhaus. Frühstücken kann man bis 14 Uhr. Die Speisekarte der Bistroküche, darunter auch vegetarische Gerichte, wechselt nach Saison. Die Auswahl am Kuchenbüfett ist groß.

Das Meisterstück (Mitte, Tour 5, Seite 26)
Hausvogteiplatz 3–4, Tel. 55 87 25 62,
www.dasmeisterstueck.de, ❍❍

Von Meisterhand gebraut, gebacken und gebraten: Bier, Brot und Wurst aus eigener Herstellung sind die Grundlagen für eine genussvolle Brotzeit mit vielen Varianten. Auch Kaffee, Schokolade und Wein wurden von Meistern ihres Fachs ausgewählt. Der rustikale Gastraum mit einem großen Sortiment an handgemachten Kuckucksuhren an den Wänden (zum Verkauf) ist ebenso einladend wie der nette Innenhof.

Defne (Kreuzberg, Tour 13, Seite 58)
Planufer 92c, Tel. 81 79 71 11, ❍

Die türkische Küche ist mehr als Döner, Börek und Pide. Defne, auf türkisch »Lorbeer«, stützt sich auf die unterschiedlichsten Einflüsse der türkischen (Ess-)Kultur, die seit jeher eine vielseitige »fusion«-Küche pflegt. Lorbeer als Gewürz spielt in der mediterranen Küche auch eine wichtige Rolle. In dem kleinen Lokal mit hübschem Vorgarten sitzt man sehr gemütlich. Voll wird es immer.

Enoiteca Il Calice (Charlottenburg, Tour 9, Seite 42)
Walter-Benjamin-Platz 4, Tel. 324 23 08, ❍❍❍
Edel-Italiener mit dem lebhaften Betrieb einer venezianischen Osteria: Ausgewählte Weine norditalienischer Weingüter stehen im Mittelpunkt und werden von perfekt harmonierenden Speisen begleitet, vom Schälchen Oliven über variationsreiche Platten mit Wurst, Schinken und Käse bis zur verlockenden Auswahl an Antipasti. Auch komplette Menüs zum passenden Wein werden angeboten. Im Sommer verlagert sich das Treiben ins Freie – man fühlt sich fast wie in Italien. Reservierung sehr zu empfehlen.

Henne
(Kreuzberg, Tour 13, Seite 58)
Leuschnerdamm 25,
Tel. 614 77 30, ❍
Nur ein einziges Gericht steht auf der Karte: Die gebackenen Milchmasthähnchen sind jedoch einmalig gut, und das Wirtshaus von 1907 ist ein Berliner Unikum. Unbedingt reservieren!

Horvath (Kreuzberg, Tour 13, Seite 58)
Paul-Lincke-Ufer 44 a, Tel. 61 28 99 92,
www.restaurant-horvath.de, ❍❍❍
Die kulinarische Grundausrichtung ist österreichisch, doch die Kreativität des Sternekochs Sebastian Frank kennt keine Grenzen. Am besten, man probiert das Horvath-Menü mit vier, acht oder zwölf (!) Gängen oder aber das vegetarische Menü mit fünf Gängen. Man sitzt

im Vorgarten am Landwehrkanal ebenso schön wie im eleganten Lokal innen.

Lutter & Wegner Remise im Schloss Glienicke
(Zehlendorf, Tour 22, Seite 94)
Königstr. 36, Tel. 805 40 00, ❍❍–❍❍❍
Nach den kulinarischen Höhenflügen des Vorgängers besinnt sich der neue Betreiber auf die Vorlieben von Ausflüglern: Wiener Schnitzel mit Kartoffelsalat oder Sauerbraten und natürlich Kaffee und Kuchen im großen Innenhof und auf der romantischen Terrasse.

Pauly Saal (Mitte, Tour 4, Seite 22)
Jüdische Mädchenschule, Auguststr. 11–13, Tel. 33 00 60 70, www.paulysaal.com, ❍❍❍
Die Einrichtung in der ehemaligen Turnhalle ist opulent, die Tische im einstigen Schulhof sind strahlend weiß eingedeckt: Das Ambiente stimmt erwartungsfroh. Die Küche ist ambitioniert und verspricht Regional-Bodenständiges wie Potsdamer Ente und Lammkeule von der Müritz auf hohem Niveau. Auch die Preise sind weit oben angesiedelt. Ein Tipp: Mittags sind die Gerichte erschwinglicher.

Refugium (Mitte, Tour 5, Seite 26)
Gendarmenmarkt 5, Tel. 229 16 61, ❍❍❍
Hirschrücken von der Müritz an Walnuss-Ricotta-Knusperravioli und Petersilienwurzelpüree oder Ruppiner Lamm auf Artischocken-Bohnengemüse: Die saisonal wechselnde anspruchsvolle Regionalküche kann man im einfühlsam modernisierten Gewölbe unter dem Französischen Dom oder unter Zwergahornbäumen mitten auf dem Gendarmenmarkt genießen.

Restaurant 44 im Swissôtel **(Charlottenburg, Tour 9, Seite 41)**
Augsburger Str. 44, Tel. 220 10 22 88, ○○○
Kreative Küche zum Ausprobieren. Beim Degustationsmenü – zum Lunch oder Dinner – kann man seine Lieblingsspeisen frei zusammenstellen. Die kleinen Portionen erlauben viele Gänge. Schön ist der Blick von der Terrasse auf den Kudamm.

Schlossrestaurant Cecilienhof **(Potsdam, Tour 25, Seite 105)**
Potsdam, Neuer Garten, Tel. (0331) 370 50, ○○○

Nach Lachsforelle und Rehrücken wurden zum Dessert Schnittchen von dreierlei Schokolade an Quittenkompott und Birnen-Ingwer-Rahmeis gereicht: Es muss nicht das exklusive Menü für Queen Elizabeth sein, aber im königlichen Ambiente, drinnen oder draußen, kann auch der Normalbürger genussvoll speisen. Für flanierende Sommergäste gibt es zudem einen rustikalen Hofgarten.

Schneeweiß **(Friedrichshain, Tour 14, Seite 62)**
Simplonstraße 16, Tel. 29 04 97 04, www.schneeweiss-berlin.de, tgl. ab 18 Uhr, Sa/So Brunch 10–13 Uhr, ○○–○○○
Aus der Fülle der gastronomischen Angebote vorwiegend asiatischer und orientalischer Spielart im Friedrichshainer Kneipenkiez ragt das Schweeweiß doppelt heraus: Das mit Design-Preisen ausgezeichnete Interieur harmoniert bestens mit der modernen »Alpenküche«. Auf

der wechselnden Karte stehen z. B. Ochsenbäckchen mit Salbei oder Zander mit Palmherzen.

Típica **(Mitte, Tour 2, Seite 14)**
Rosenstraße 19, Tel. 25 09 94 40, www.tipica.mx, ❍–❍❍
Etwas abseits vom Trubel am Hackeschen Markt liegt das kleine Restaurant, das sich der authentischen mexikanischen Küche verschrieben hat. Spezialität dieser »Taquería« sind Tacos und mit gegrilltem Fleisch und köstlichen Salsas belegte Tortillas. Nach dem Mahl kann man sich einen Tequila gönnen – oder aber eine mexikanische Cocktailspezialität.

Weinstein **(Prenzlauer Berg, Tour 17, Seite 73)**
Lychener Str. 33, Tel. 441 18 42, ❍❍
Klein ist es und immer voll in der Weinschenke, das liegt an den guten Weinen, an den passenden Speisen und am freundlichen Service. Wer nicht reserviert hat, findet selten auf Anhieb einen Platz, kann sich aber die Wartezeit schon mal mit einem guten Schluck in der Weinbar verkürzen.

Zitadellen Schänke **(Spandau, Tour 30, Seite 125)**
Am Juliusturm, Tel. 334 21 06, www.zitadellenschaenke.de, ❍❍ (Menü ❍❍❍)
Geheimnisvolles aus der Klosterküche, Verführerisches beim Liebesmahl, Deftiges zur Sauhatz: Schlemmen wie im Mittelalter ist im romantischen Gewölbekeller der Spandauer Zitadelle angesagt – und höchst populär. Die opulenten Festtafeln, von Bänkelgesang begleitet, wechseln je nach Jahreszeit. Hausgetränke sind Met und Bärenpunsch.

Ob KaDeWe oder Friedrichstraße, ob ein Lakritzladen oder ein Schokoparadies, ob Trödel- oder Türkenmarkt – in Berlin kommt jeder zu seinen Einkäufen.

Ampelmann-Shop (Mitte, Tour 4, Seite 21)
Rosenthaler Str. 40/41, Hackesche Höfe, Hof 5
(Filialen: Potsdamer Platz Arkaden, Basement; im Dom Aquaree, Karl-Liebknecht-Str. 1), Tel. 44 04 88 01, www.ampelmann.de
Das DDR-Ampelmännchen hat nicht nur überlebt, es steht in Rot und läuft in Grün, u. a. als Schlüsselanhänger, Leuchtfigur, Buchstütze, Keksausstecher oder Korkenzieher, und schmückt T-Shirts und andere Wäschestücke.

Aufbau Haus (Kreuzberg, Tour 13, Seite 56)
Prinzenstr. 85 D, Mo–Fr 10–20, Sa 10–18 Uhr, www.aufbauhaus.de
In diesem Kreativhaus und Kunstzentrum haben neben dem Aufbau Verlag weitere Verlage ihren Sitz, es gibt ein Theater, Galerien, einen Buchladen und zahlreiche Geschäfte.
Bei **Modulor** finden Künstler und Hobbybastler »Material total«, vom Zeichenblock über Farben und Dekostoffe bis zu Gerätschaften und jede Menge Anregungen. Bei **Kochlust**, der kulinarischen Buchhandlung, gibt es neben Kochbüchern auch Kochkurse und in denselben Räumen bei **Coledampf & Companies** alles für die Küche vom Messer und Kochtopf über Porzellan bis zu Delikatessen. Essen kann man hier auch.

Berlin Story (Mitte, Tour 1, Seite 9)
Unter den Linden 40, www.BerlinStory.de
Ein Besuch dieser Buchhandlung, die gleichzeitig Museum, Galerie und Souvenirshop ist, ist für den Anfang eines jeden Berlin-Besuchs zu empfehlen. Vor der Abreise kommt man gerne noch einmal wieder, um etwas für die Lieben daheim mitzunehmen. 2500 Buchtitel über Berlin aus allen Genres machen die Wahl zur Qual. Dazu Berlin auf Video, DVD, CD, Poster, Postkarten und berlinische Souvenirs. Außerdem lädt das »Historiale Berlin Museum« mit Installationen und Großfotos zu einem schnellen Streifzug durch wichtige Stationen Berliner Geschichte ein.

DIM / Blindenanstalt Berlin (Kreuzberg, Tour 13, Seite 57)
Oranienstr. 26, Tel. 902 98 66 21
Korbwaren, Bürsten und Besen gelten als typische Blindenwaren. In der Blindenanstalt Berlin werden sie seit über 120 Jahren hergestellt.

Vor einigen Jahren entstand in Zusammenarbeit mit Design-Studenten »Die imaginäre Manufaktur«, in der Blinde und andere Menschen mit Handicap nach traditioneller Handwerkskunst eine vielfältige Palette an Gebrauchs- und Schmuckgegenständen aus Borsten und Holz mit neuem Design und neuer Funktion herstellen.

Dussmann – Das Kulturkaufhaus (Mitte, Tour 5, Seite 25)
Friedrichstr. 90, Tel. 20 25 11 11, www.kulturkaufhaus.de,
Mo–Sa 10–22 Uhr

Riesenauswahl auf fünf Etagen: Bücher, CDs, DVDs, Hörbücher, Software, Geschenke, feine Papiere und Noten. Regelmäßig Buchpräsentationen und Kulturveranstaltungen. Ein Café gibt es auch.

Fassbender & Rausch
(Mitte, Tour 5, Seite 26)
Charlottenstr. 60,
Gendarmenmarkt,
www.fassbender-rausch.de

Europas größtes Schokoladenhaus ist zum Anbeißen verlockend, wenn auch die Schokoladennachbildungen von Reichstag, Brandenburger Tor und der Titanic nur zum

Anschauen gedacht sind. An der Pralinentheke aber gibt es Trüffel, Konfekt und ausgefallene Pralinenkreationen in bester handwerklicher Qualität, frisch in jeder gewünschten Menge verpackt oder in opulenten Bonbonnieren. Dazu Plantagenschokoladen aus den besten Edel-Kakaos der Welt. Zusätzlich kann man sich im Schokoladencafé Marzipan- oder Herrentörtchen zur Trinkschokolade schmecken lassen. Und im ersten Schokoladenrestaurant Europas werden Menüs kreiert, in denen Edel-Kakao den Gerichten eine besondere Note gibt.

Flagshipstore Oderberger (Prenzlauer Berg, Tour 17, Seite 74)
Oderberger Str. 53,
Tel. 39 82 65 70

Berliner Modelabels und Jungdesigner sind hier mit Einzelstücken oder aktuellen Kollektionen vertreten. Das Sortiment umfasst Lässiges und Ausgefallenes für »Girls« und »Boys« sowie originelle Accessoires, Schmuck und Designobjekte.

Friendly Society Berlin (Mitte, Nähe Tour 17, Seite 74)
Griebenowstraße 23, Fr, Sa, So 14–19 Uhr

Origineller kleiner Laden in einer Seitenstraße zwischen Zionskirchplatz und Kastanienallee. Neben ausgefallener Mode für Sie und Ihn, schönen Schmuckkreationen, edlen Designstücken, raffinierten Accessoires gibt es Kunstausstellungen, Minicafé und sonntags Kulturprogramm im Roten Salon im Keller.

Galeries Lafayette und Quartier 206 (Mitte, Tour 5, Seite 26)
Friedrichstr. 76–78 und 71
Das französische Nobelkaufhaus **Galeries Lafayette** setzt Schwerpunkte mit aktuellen Modekollektionen aus Frankreich, Accessoires und Schönheitsprodukten sowie Lifestyle und Büchern. Anziehungspunkt ist die Gourmet-Etage mit Kaffees und französischen Delikatessen. Eine Passage im Untergeschoss verbindet mit dem **Quartier 206**, in dem unter der Marke »World of Style« Boutiquen mit Designer-Mode, Accessoires und Wohndesign zu finden sind.

Galerie Spandow (Spandau, Tour 30, Seite 126)
Breite Str. 23, Tel. 333 14 14, galerie-spandow.de
Im Vorderhaus am Spandauer Markt ein Traditionsgeschäft für Uhren, Juwelen und Optik, im Hinter- oder Handwerkerhof stellen junge Schmuck-Designer in der Galerie Spandow aus und bieten ihre originellen Kreationen zum Kauf an. Im Kunstsalon gibt es zusätzlich interessante Veranstaltungen.

Grober Unfug (Kreuzberg, Tour 12, Seite 54)
Zossener Str. 32/33, Tel. 69 40 14 90, Filiale: Torstraße 75 (Mitte), Tel. 281 73 31, www.groberunfug.de
Alles, was der Comic-Markt zu bieten hat, ist hier zu finden, dazu gibt es auch Raritäten für Sammler. In einer Galerie werden Comics natürlich auch ausgestellt.

KaDeWe (Schöneberg, Tour 9, Seite 40)
Tauentzienstr. 21–24, www.kadewe.de
2007 feierte das »Kaufhaus des Westens«, einer der größten Departmentstores der Welt, sein 100-jähriges Bestehen – und präsentiert

sich seither mit neuen Konzepten und verjüngtem Aussehen. Hier ist alles vom Feinsten: Designermode und Edelkollektionen, Accessoires, Parfümerie, Tisch- und Küchenkultur und das Highlight im 6. Stock: die Feinschmeckeretage, ein Edelsupermarkt mit zahlreichen Feinschmecker-Bars – unglaublich beliebt auch bei den Berlinern.

Museumsshop Charlottenburg
(Charlottenburg, Tour 10, Seite 46)
Schloss Charlottenburg (auch im Schloss Sanssouci und im Cecilienhof), www.museumsshop-im-schloss.de
Einkaufen wie bei Hofe: Schmuck und Seidenschals, wie sie Königin Luise trug, Wein, wie ihn Friedrich der Große getrunken haben könnte, oder Mokkatassen mit Motiven aus der Schlosseinrichtung. Viele Produkte werden exklusiv für die Museumsshops entworfen. Daneben gibt es Biographien, Bildbände und Kinderliteratur zu preußisch-königlichen Themen.

Potsdamer Platz Arkaden (Tiergarten, Tour 6, Seite 30)
Potsdamer Platz, www.potsdamer-platz-arkaden.de
Das beliebte und lichte Einkaufszentrum hat eine gute Mischung aus Einzelhandelsgeschäften von Mode über Bücher bis hin zu Elektronik und dazu jede Menge gastronomischer Angebote für den Hunger zwischendurch. Besonders lecker ist das Eis in der »Gelateria und Café«.

Fast rund um die Uhr gibt es nichts, was es hier nicht gibt, allerdings wandelt sich auch kaum etwas schneller als die Kneipenszene.

Adagio (Tiergarten)

Marlene-Dietrich-Platz 1, Tel. 30 25 89 89 0, www.adagio.de, Do ab 19, Fr, Sa ab 22 Uhr

Eine Mischung aus Märchenschloss und Ritterburg, Prunk und Kitsch: Der Club unter dem Musicaltheater am Potsdamer Platz ist riesig, die Ausstattung gigantisch, und die Musik setzt auf Danceclassics und Charts. Bevorzugter Schauplatz für Filmpremierenfeiern und Gala-Events.

Bar am Lützowplatz (Tiergarten)

Lützowplatz 7, Tel. 262 68 07, www.baramluetzowplatz.com, tgl. 14–4 Uhr

Klassisch-elegante Bar mit langem Tresen und riesiger Cocktailkarte, die auf Klassiker setzt. Genießer haben außerdem die Wahl bei über hundert Sorten Champagner und ausgesuchten Malt-Whiskey-Raritäten. Jazz, Soul und Weltmusik sind dezente musikalische Begleiter.

Clärchens Ballhaus (Mitte)

Auguststr. 24, Tel. 282 92 95, www.ballhaus-mitte.de

Schwoofen wie einst bei »Clärchen«, dem traditionellen Ballhaus in der Mitte Berlins. Heute ist hier täglich ab 10 Uhr »bis in die Puppen« Betrieb. Montags und mittwochs kann man für Salsa und Swing die richtigen Tanzschritte erproben und am Wochenende zu Livemusik abtanzen (sonntags ab 15 Uhr). Zur Stärkung gibt es Pizza und Buletten. Im Sommer sitzt man wunderbar draußen im lauschigen Biergarten.

Lido (Kreuzberg)

Cuvrystr. 2, www.lido-Berlin.de

Als Kino erbaut, als Rocker-Disco und Theaterprobenbühne genutzt, ist das Lido mit seinem 1950er- und 1960er-Jahre-Charme seit 2006 ein Club mit Dancefloor und Bühne für Live-Konzerte und DJ-Partys. Die Musik spannt sich von Indie-Rock über Punk bis Electro-Pop. Mit Biergarten, der im Winter zur überdachten Lounge wird. Keine festen Veranstaltungstage.

Puro Sky Lounge (Charlottenburg)

Europa Center, Tauentzienstr. 11, Tel. 26 36 78 75

Berlins höchst gelegener Club bietet eine fantastische Aussicht und eine elegante Atmosphäre. Viele Promis fühlen sich hier oben wohl;

oft geschlossene Veranstaltungen. Zur »Puro Lounge« (Fr ab 22 Uhr) ist der Eintritt frei.

Quasimodo (Charlottenburg)
Kantstr. 12a, Tel. 3 12 80 86,
Die Großen des Jazz waren alle schon da: Art Blakey, Dizzy Gillespie, Chet Baker... Auch die aktuellen Gäste begeistern beinahe täglich mit Jazz, Blues, Funk, Soul und Rock das Publikum in dem kleinen Jazzkeller unter dem Delphi-Kino.

SO 36 (Kreuzberg)
Oranienstr. 190, Tel 6140 13 06, www.so36.de
2009 von der Musikwirtschaft zum »Club des Jahres« gewählt und das mit stolzen 31 Jahren. Das SO 36 ist Legende und erfindet sich immer wieder neu. 1978 eröffnet, erlebte der Club seine wilden Jahre mit den Punk- und New-Wave-Bands der 1980er-Jahre und sorgt immer noch für Lautstärke und Stimmung mit Live-Konzerten und DJs. Einmal im Monat wird der Dancefloor zur Rollerdisko – mit der Musik der 1970er- und 1980er-Jahre.

Spindler & Klatt (Kreuzberg)
Köpenickerstr. 16–17, Tel. 30 69 56 67 75, www.spindlerklatt.de, Reservierung: reservation@spindlerklatt.com, White Lounge tgl. ab 18, Restaurant ab 20 Uhr, im Winter Do-Sa. Fr, Sa Live-Musik
Das edel-asiatisch gestylte Bigsize Clubrestaurant im ehemaligen Kornlager der Heeresbäckerei macht seinem Namen alle Ehre. In der riesigen Halle findet jeder seine bevorzugte Ecke. Die Terrasse an der Spree bietet einen schönen Blick hinüber zur East Side Gallery. Der Clou sind bequeme große weiße Liegebetten, auf denen man es sich

bequem machen kann – und auch asiatisch inspirierte Gerichte und Drinks serviert bekommt. Tische und Stühle gibt es auch. Fr und Sa legt ein DJ auf (ab 23 Uhr).

Strandbar Mitte (Mitte)
Monbijoupark
Die »Mutter aller Strandbars« hat sich zum Klassiker entwickelt. Tagsüber kommen die Sonnenanbeter, am frühen Abend sind die Cocktails begehrt und später in der Nacht wird – mit Blick auf das Bode-Museum – unterm Sternenhimmel geschwooft. Tanz von Tango bis Salsa und Walzer.

Watergate (Kreuzberg)
Falckensteinstr. 49 a, Tel. 61 28 03 94, www.water-gate.de
Bei Nacht wirken die Türme der Oberbaum-Brücke wie aus dem Rittermärchen geholt: Die tolle Aussicht durch große Fenster und die Terrasse am Fluss sind herausragende Pluspunkte des kühl designten Clubs. Hier legen überwiegend internationale DJs auf.

40 seconds (Tiergarten)
Potsdamer Str. 58, Tel. 890 642 41, www.40seconds.de
40 Sekunden braucht der Fahrstuhl bis zum Penthouse – und dann öffnet sich von drei Dachterrassen aus ein funkelndes Panorama über das Kulturforum bis zum Potsdamer Platz. Der Club mit Bar im Zentrum und drei Lounges öffnet freitags und samstags ab 23 Uhr für lange Partynächte.

Frühling

März: MaerzMusik: Festival für aktuelle Musik. www.berlinerfestspiele.de
Lange Nacht der Museen

April: Lange Nacht der Opern und Theater

Mai: Theatertreffen der deutschsprachigen Bühnen. www.berlinerfestspiele.de

Pfingsten: Karneval der Kulturen: Der farbenprächtige Umzug mit Tänzern, Musikern und Artisten lockt 1 Million Besucher an die Paradestrecke in Kreuzberg; mit 4-tägigem Straßenfest.

Mai bis September: Citadel Music Festival: Die mittelalterliche Festung rockt in vielen Klangfarben mit Oldies und Newcomern.

Sommer

Juni: Christopher Street Day: Parade und Demonstration der schwul-lesbischen Gemeinschaft

Lange Nacht der Wissenschaften: Forschungseinrichtungen lassen hinter die Kulissen blicken. www.langenachtderwissenschaften.de

Saisonabschlusskonzert der Berliner Philharmoniker in der Waldbühne. www.berliner-philharmoniker.de

Juli: Classic Open Air: Eine Woche Konzerte der Spitzenklasse auf dem Gendarmenmarkt. www.classicopenair.de

Juli bis September: Köpenicker Blues & Jazzfestival vor der imposanten Kulisse des historischen Rathauses.

August: Young Euro Classic: Jugendorchester aus ganz Europa stellen Komponisten ihrer Heimatländer vor; Konzerthaus am Gendarmenmarkt. www.young-euro-classic.de

Internationales Berliner Bierfestival: Fast 2000 Bierspezialitäten von 200 Brauereien aus 75 Ländern im »längsten Biergarten der Welt« an der Karl-Marx-Allee.

Jüdische Kulturtage: Theater, Konzerte, Filme, Lesungen zu Themen der jüdischen Kultur. www.juedische-kulturtage.org

Lange Nacht der Museen: 100 Häuser öffnen bis 2 Uhr morgens.

Oktober: Jedermann-Festspiele: Hugo von Hofmannsthals Schauspiel im Berliner Dom.

Festival of Lights: Die schönsten Gebäude der Stadt erstrahlen eine Woche lang in einer raffinieren Lichtinszenierung.

Herbst

September: Gauklerfest am Schinkelplatz mit Kunsthandwerk, Artistik und Gourmet-Spezialitäten

Musikfest Berlin: Internationale Spitzenorchester zu Gast. www.berlinerfestspiele.de

Internationales Literaturfestival. www.berlinerfestspiele.de

Berlin-Marathon: international herausragender Stadtlauf.

Berlin Music Week: Forum der Musikwirtschaft, begleitet von Konzerten, Festivals, Preisverleihungen und langen Clubnächten. www.berlin-music-week.de

Winter

November: JazzFest Berlin: www.berlinerfestspiele.de

Dezember: Rund 60 **Weihnachtsmärkte** verbreiten vorweihnachtliche Stimmung an den schönsten Plätzen der Stadt.

Februar: Internationale Filmfestspiele Berlin: Filmpremieren im Wettbewerb um den »Goldenen Bären« und in weiteren Sektionen der »Berlinale«. www.berlinale.de

Information zu Veranstaltungen ohne website: www.visitberlin.de

Anreise

☒ **Flugzeug:** Flughafeninfo und Flugauskunft: 0180 5000 186, www.berlin-airport.de.
Bis zur Eröffnung des Großflughafens BER Berlin-Brandenburg (vorauss. 27. Oktober 2013) bleiben die Flughäfen **Berlin Tegel (TXL)** und **Berlin Schönefeld (SXF)** in Betrieb.
Transfer:
von **Berlin Tegel** Express Bus TXL über den Hauptbahnhof nach Mitte; Bus 109 und X 9 (Airport-Express) in die West-City; Bus 128 zum U-Bahnhof Kurt-Schumacher-Platz (Linie 6); von **Berlin Schönefeld** ExpressBus X7 in den Hauptverkehrszeiten (sonst Bus 171) zum U-Bahnhof Rudow der Linie U 7; S-Bahn. Linie 9 und Airport Express über Alexanderplatz und Friedrichstraße zum Hauptbahnhof.
☒ **Bahn: Hauptbahnhof Berlin,** Europa-Platz/Washington-Platz, Tel. 118 61, www.bahn.de.
S-Bahn (S 5, 7, 75, 9) zum Bahnhof Zoo bzw. Friedrichstraße Alexanderplatz, Bus M41 und M 85 zum Potsdamer Platz, U-Bahn zum Brandenburger Tor, TXL nach Mitte.

Fundbüros

☒ **Zentrales Fundbüro,** Platz der Luftbrücke 6, Tempelhof, Tel. 75 60 31 01.
☒ **BVG Fundbüro,** Potsdamer Straße 180/182, Schöneberg, Tel. 1 94 49.

Kartenvorverkauf

Kartenbuchungen für Theater-, Konzert- und andere Veranstaltungen über **visitBerlin**, Tel. 25 00 25, www.visitberlin.de, Menüpunkt Veranstaltungstickets. Tickets für ausgewählte Veranstaltungen (Musicals) am Aufführungstag zum halben Preis in den Berlin Tourist Infos (s. Seite 151)
☒ **Hekticket,** Alexanderplatz, Karl-Liebknecht-Str. 13 (Mo–Sa 12–20 Uhr); Am Zoo, Hardenbergstr. 29d (Tel. 230 99 30, Mo–Sa 10–20, So 14–18 Uhr).

Am Aufführungstag (ab 14 Uhr) bis zu 50 % ermäßigte Restkarten für Theater, Oper und Varieté. Reserv. auch tel. und online (www.hekticket.de) möglich.

Kulturinfos

www.berlin-buehnen.de
www.berlinerfestspiele.de
www.berliner-philharmoniker.de
www.kulturprojekte-berlin.de
www.museumsportal-berlin.de
www.smb.museum
www.spsg.de

Notruf

☒ Ärztlicher Bereitschaftsdienst, Tel. 11 61 17
☒ Call a doc, Tel. (0 18 04) 22 55 23 62
☒ Zahnärztlicher Bereitschaftsdienst, Tel. 89 00 43 33
☒ Notruf und Feuerwehr, Tel. 112
☒ Polizei, Tel. 110
☒ Giftnotruf, Tel. 192 40

Post

Spätannahme: Joachimstaler Str. 7, Charlottenburg, Mo–Sa 9–20 Uhr, Selbstbedienung tgl. 24 Std.; Georgenstr. 12, Mitte, Mo–Fr 6–22, Sa/ So 8–22 Uhr

Touristeninformationen

☒ **visit Berlin GmbH (BTM):** Informations-Hotline, Reservierung von Hotels und Tickets, Tel. (030) 25 00 25, reservation@visitberlin.de information@visitberlin.de, www.visitberlin.de

☒ **Berlin Tourist Info:** Infos, Hotelreservierung, Verkauf von Informationsbroschüren, Veranstaltungstickets (auch Last-Minute), WelcomeCard (s. »Unterwegs«); Berlin-Souvenirs: im Hauptbahnhof, Ebene 0/Eingang Nord, Europa Platz 1, tgl. 8–22 Uhr; im Brandenburger Tor, Südliches Torhaus, Sommer tgl. 9.30–18 Uhr, Winter tgl. 10 bis 18 Uhr. Außerdem: im Neuen Kranzlereck, Passage, Kurfürstendamm 22.

☒ **Weitere Stadtinfos:** www.berlin.de, www.berlin-info.de, www.berlin-online.de

Öffentliche Verkehrsmittel

U-Bahn, Busse und Straßenbahnen der **BVG** sowie die S-Bahn der Bahn AG bilden in der VBB (Verkehrsgemeinschaft Berlin Brandenburg) einen Tarifverbund. Es gibt drei Tarifzonen (AB, BC, ABC).

Die BVG bietet neben Einzelfahrscheinen und Tageskarten verschiedene Tickets an, darunter **Kleingruppenkarte** (bis zu 5 Pers.), **Welcome Card** (1 Erw. und bis zu 3 Kindern, gültig im Netz der VBB für 2, 3 oder 5 Tage, mit oder ohne Potsdam, auch mit Museumsinsel, dazu ermäßigte Eintritte und Rabatte. Ein ähnliches Produkt ist die **Welcome Card Culture** (Museumspass inkl.) und **CityTourCard** (1 Erw., 1 Kind bis 6 Jahre, ermäßigte Eintritte). Nähere Informationen bei der BVG und in den Tourist Infos.

MetroLinien (M) – Busse und Straßenbahnen – verkehren in kurzen Abständen auf den Hauptstrecken rund um die Uhr (nachts im 30-Minuten-Takt).

Am Wochenende (Freitag- und Samstagnacht sowie vor Feiertagen) gibt es durchgängigen **Nachtverkehr** auf zahlreichen S- und allen U-Bahnlinien (außer U 4 und U 55). An anderen Tagen fahren Nachtbusse nach Betriebsschluss der U-Bahn (an Werktagen ca. ab 0.30 Uhr) etwa alle 30 Minuten.

Weitere Informationen: www.bvg.de, www.s-bahn-berlin.de

Sightseeing

⊠ **Buslinie 100:** Vom Bhf. Zoo durch den Tiergarten, am Reichstag vorbei (Brandenburger Tor) und weiter Unter den Linden bis zum Alexanderplatz.

⊠ **Buslinie 200:** Vom Bhf. Zoo zum Potsdamer Platz, weiter über Leipziger, Wilhelmstraße, Unter den Linden bis zum Alexanderplatz und weiter bis Friedrichshain.

⊠ **Berliner Wassertaxi Stadtrundfahrten (BWTS),** Tel. 65 88 02 03, www.berliner wassertaxi.de. Einstündige

Rundfahrten ab Zeughaus und Domaquarée zwischen 10 und 17 Uhr, halbstündlich.

☒ **Reederei Bruno Winkler,** Tel. 349 95 95, www.reederei winkler.de. Drei-Stunden-Rundfahrt über Spree- und Landwehrkanal durch das alte und das neue Berlin. Abfahrt: Schlossbrücke, Charlottenburger Ufer.

☒ **Reederei Heinz Riedel,** Tel. 693 46 46, www.reederei-riedel.de. Große Citytouren (3,5 Std.) bei Tag und Nacht sowie kurze Fahrten (1,5 Std.) im Zentrum. Ab Hansabrücke, Jannowitzbrücke, Kottbusser Brücke.

☒ **Stern- und Kreisschifffahrt GmbH,** Tel. 5 36 36 00, www.sternundkreis.de. »Erlebnistouren« auf allen Berliner Gewässern (1 Std. bis ganzer Tag). Ab Hafen Treptow u. a. Stationen.

☒ **Fahrradstation am Bahnhof Friedrichstraße,** Eingang Dorotheenstr. 30, Tel. (01 80) 28 38 48 48. Fahrradvermietung und geführte Radtouren. 6 weitere Stationen im Stadtgebiet.

☒ **Call a Bike,** Tel. (0 70 00) 522 55 22, www.callabike.de. Mietfahrräder der Deutschen Bahn im ganzen Berliner Stadtgebiet.

Taxi

Taxis können über Telefon bestellt, an Halteplätzen aufgesucht oder auf der Straße angehalten werden. Bei letzterem gilt auf Kurzstrecken (bis 2 km) der »Winketarif« von 4 €.

☒ **City-Funk:** Tel. 21 02 02

☒ **Funk-Taxi Berlin:** Tel. 26 10 26

☒ **Quality Taxi:** Tel. 26 30 00, gebührenfrei Tel. (0800) 263 00 00

☒ **TaxiFunk Berlin:** gebührenfrei Tel. (0800) 44 33 222

Velotaxi

Moderne Elektrofahrrad-Rikschas befahren feste Routen, z. B. vom Kudamm zum Potsdamer Platz oder vom Brandenburger Tor zur Museumsinsel. Auch individuelle Touren buchbar: Tel. 28 03 16 09, 0178/800 00 41, www.velotaxi.com

Die Autorin:

Ortrun Egelkraut

lebt und arbeitet als freie Journalistin, Redakteurin und Reisebuchautorin in Berlin. In ihrer Stadt sind Museen und Theater, preußische Schlösser und Gärten ihr ständiges Einsatzgebiet. Für »Berlin zu Fuß entdecken« hat sie ihren Wohnort wieder einmal völlig neu erkundet.

Impressum

GVG TRAVEL MEDIA GmbH
Ein Unternehmen der GANSKE VERLAGSGRUPPE
Harvestehuder Weg 41, D-20149 Hamburg
Redaktionsleitung: Grit Müller
Autorin: Ortrun Egelkraut
Bildredaktion: Ulrich Reißer
Lektorat: Gudrun Rücker und Buch und Gestaltung, Britta Dieterle
Layout: Polyglott Chaos Productions, München
Umschlaggestaltung: 4S_art direction, Svea Stoss, Köln
Satz: Schulz Bild + Text, Hamburg/Buch und Gestaltung, B. Dieterle
Kartografie: GeoGraphic Publishers, München
Kartografie Umschlag: Polyglott Kartografie

Manufactured in China by Macmillan Production (Asia) Ltd.
ISBN 978-3-8464-6204-1

Bildnachweis:

40seconds: 147; Adlon Kempinski: 129-1; Bar am Lützowplatz: 145; Berlin Story: 138; Defne Restaurant: 58-1, 133; Die Fabrik: 129-2; DIM/Blindenanstalt Berlin: 139; Fassbender&Rausch: 140; Flagship Store: 6-3, 141; Ralf Freyer: 18, 20, 21, 25, 29-2, 30, 49, 54, 58-2, 65, 76, 77-1, 77-2, 78, 80, 81, 102-1, 102-2, 104, 106, 108, 109, 114-1, 114-2, 126; Friedrichstadtpalast/ Robert Grischek: 24; Grand Hyatt Berlin: 6-1, 130; Herbert Hartmann: 73-2; KaDeWe: 40, 142; laif/Zenit/Boening: 66, 116, 117; laif/Butzmann: 73-1; laif/Galli: 74, 97; laif/GAFF/Boris Geilert: 144; laif/Hoehn: 118, 134; laif/Langrock: 42; laif/Thomas Linkel: 136; laif/Gordon Welters: 6-2, 132; laif/Westrich: 64; laif/Zielske: 9; Uwe Latza: 26, 41, 86; Lehmann & Blisse: 53; Hans-Peter Merten: 14-1, 22, 62-2, 110-2, 124; Metropolphoto/Peters: 120; Naturschutzzentrum Ökowerk: 121-2; Pixelio: 110-1, 125; Pixelio/AKhodi: 8; Pixelio/cornerstone: 33-2; Pixelio/H. Hoppe: 29-1; Pixelio/Paul Kirchhoff: 38; Pixelio/leica: 62-1; Pixelio/marco: 10; Pixelio/Marica: 118-2; Pixelio/Martin Treide-Heuser: 12; Pixelio/ www.dieprojektoren.de: 33-1; Guido Schmitz: 34, 50, 57, 69, 82, 90, 93-2, 98, 105; Schroer's: 84; Theo Schuch: 85; SO36: 6-4; SPSG/Mario Weigt: 46; The Westin Grand/Starwood Archive: 128, 131; Waldmuseum/ Gudrun Rademacher: 121-1; Mario Weigt: 14-2, 16, 17, 28, 37-1, 37-2, 45-1, 45-2, 49, 61, 68, 70, 88, 89, 92, 93-1, 94, 101.

www.polyglott.de

Alle Informationen stammen aus zuverlässigen Quellen und wurden sorgfältig geprüft. Für ihre Vollständigkeit und Richtigkeit können wir jedoch keine Haftung übernehmen.
Ergänzende Anregungen bitten wir zu richten an:
GVG TRAVEL MEDIA GmbH
Redaktion Polyglott, Harvestehuder Weg 41,
D-20149 Hamburg, E-Mail: redaktion@polyglott.de